生活馆

小学六年
来自一线教师的
忠告

小学阶段的教育至关重要，它是让孩子登上金字塔顶端的第一步。用爱塑造一个"天才"很难，但是，只要教育得法，一切尽可实现。

父母要走进孩子的心灵世界，把孩子当做一个乐意向您倾诉的知心朋友，不仅要做孩子的守护者，更要做孩子的引路人，赋予孩子好的人生，父母不但要做心理指导，也要做人生的引导。

【陶红亮　主编】

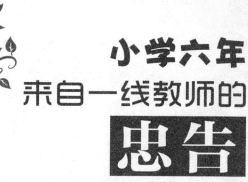

高中

初中

小学

郑州大学出版社
郑州

图书在版编目(CIP)数据

小学六年,来自一线教师的忠告/陶红亮主编. —郑州:
郑州大学出版社,2014.1

ISBN 978-7-5645-1525-6

Ⅰ.①小… Ⅱ.①陶… Ⅲ.①小学生-家庭教育
Ⅳ.①G78

中国版本图书馆 CIP 数据核字(2013)第 163435 号

郑州大学出版社出版发行

郑州市大学路 40 号	邮政编码:450052
出版人:王 锋	发行部电话:0371-66966070

全国新华书店经销

河南省天和彩彩印有限公司印制

开本:710 mm×1 092 mm	1/16

印张:14.25

字数:240 千字

版次:2014 年 1 月第 1 版	印次:2014 年 1 月第 1 次印刷

书号:ISBN 978-7-5645-1525-6 定价:28.00 元

编委名单

内容简介

　　如果把孩子的人生比做一幢高楼大厦，小学阶段可以看作"地基"中的水泥、钢筋。如果水泥、钢筋的质量出现了问题，那么这幢高楼就成为一个名副其实的"豆腐渣"工程了！这值得父母的深思。

　　本书以小学六年父母教育孩子为宗旨，从初入小学、亲子沟通、爱上阅读、学习方法、习惯养成、快乐童年、了解教师、赏罚分明、品格培养、升学考试十个方面总结出若干经验，引导父母使用科学的学习方法，正确教育孩子，以及培养孩子良好的做人品质，让孩子在以后的人生道路上处处绽放光彩。

前　言

　　父母为了孩子无私地奉献着一切，这份爱深如大海。而这份爱是有质量区分的，决定质量高低的并不是父母的学历和收入，而是对孩子小学阶段人生"基础期"的重视程度。因为这个阶段孩子的命运掌握在父母的手中，要想改变孩子未来的命运，父母先要改变自己。若没有好的教育理念，也就没有孩子好的未来。也许，今天的"一念之差"，也就是明天的"千差万别"。

　　当孩子从幼儿园的校门迈入小学校门时，也许大多数父母开始忙碌起来，为孩子选择理想的小学；为孩子营造良好的家庭氛围；不做缺席的家长……总之，就是要做好足够的准备，让孩子赢在起跑线上。同时，父母为了能让孩子有一个好的未来，在这些方面也是用行动来教育孩子，用心来与孩子做知心朋友。

　　孩子与父母之间的沟通在这个阶段是至关重要的，父母千万不可忽视。先要从信任孩子开始沟通，走进孩子的多彩内心世界，逐渐到和孩子成为知心的、无话不说的好朋友。在这个时期，父母还要站在孩子的角度看待问题，这样才能与孩子融洽沟通，一拍即合。另外，在孩子学习的过程中，阅读这两个字对他们而言，非常的熟悉。因为通过阅读可以让孩子丰富自己的世界，了解他人的世界以及培养自己的想象力等。但是，孩子在阅读书籍时，父母一定要严格把关，不适合孩子的书籍不可让孩子阅读，以免对孩子受到不良的影响。那么，在小学阶段中，孩子的学习方法、习惯养成一点都不可马虎。

　　学习方法，一直是大多数父母非常关心的问题，因为它直接影响到孩子的成绩、孩子的排名以及孩子的未来发展。所以，在孩子的学习方面，父母要合理为孩子制订学习计划，做好课前的预习工作、课后的复习工作等。这样孩子才能轻松学习，在学习中寻找快乐、乐趣。同时，孩子的习惯养成也不能忽视。父母要培养孩子学会独立、自主、有耐心，还要有一颗感恩的心，这样才能成就孩子的好人生。而要想让孩子在童年"玩"得开心，父母就要寻找孩子的兴趣点、丰富孩子的假期生活，让孩子多亲近大自然，等等，让孩子快乐地度过童年生活。

父母除了要注意上述方面外，还需要了解教师，懂得赏罚分明、品格培养以及升学考试等。父母先要学会了解教师，要找教师适当沟通；和教师沟通时要注意的事项；与教师沟通要做好平等心态等。然后家长要懂得赏罚分明，当孩子进步一点点，要给予奖励；每天要适当夸奖孩子；适当时给予孩子挫折，这对以后的学习会有一定的帮助。此外，如果说孩子的童年决定了他的一生，那么他的品格则决定了他的命运。所以，父母要培养孩子的合作、乐于助人的精神以及要引导孩子树立正确的道德观。因为这些对孩子一生都是受益匪浅的。

当父母正全心全意地塑造孩子的小学阶段时，时间却不等人，一转眼升学考试来临了，有些父母就会慌乱手脚、不知所措，而有些父母却对孩子的升学准备得非常充分。例如孩子是走读还是住宿、小升初简历的写法、学校选择的分寸把握，等等。所以说，只有父母做好了小升初的充分准备，孩子才不会输在起跑线上。

培养孩子是父母毕生的使命，也是每个父母心甘情愿做的事情。父母都希望自己的孩子将来有成就，有一个好的前途。但如果错过关键期的教育，这些愿望就会离自己遥亘千里。本书以小学6年父母教育孩子为宗旨，从初入小学、亲子沟通、爱上阅读、学习方法、习惯养成、快乐童年、了解教师、赏罚分明、品格培养、升学考试十个方面总结出若干经验，引导父母怎样正确教育孩子，怎样使用科学的学习方法，以及良好的做人品质等方面，让孩子在以后的道路上处处绽放光彩。

父母最大的人生乐趣莫过于参与孩子的成长，与孩子一起分享成长过程中的点滴。让孩子在快乐、和谐的环境中绽放人生的光彩，也是为人父母最大的心愿。

编　者

2013 年 8 月

目　录

Part 1 初入小学，做足准备让孩子赢在起跑线上

Part 2 亲子沟通，用正确的方式表达你的爱

Part 3 爱上阅读,让孩子尽情畅游书海

Part 4 学习方法,会学比学会更重要

Part 5 习惯养成，好习惯成就孩子的好人生

Part 6 快乐童年，让孩子快乐地"玩"过小学

Part 7 了解教师，学会与孩子的老师高效沟通

Part 8 赏罚分明，做孩子眼中的好父母

Part 9 品格培养，好品格比高智商更重要

Part 10 升学考试，小·升初的那些事儿

Part 1 初入小学，做足准备让孩子赢在起跑线上

　　孩子轻快的脚步走在上学的路上，家长欢喜的心情飘荡在对未来的畅想上。在孩子长跑比赛的起点，作为家长，您准备好了吗？也许这样一问，您一下愣住了，"准备什么，真是不知道"。育人者先育己，教育孩子先从严格要求自己开始，为了给孩子营造良好的家庭氛围，家长应该达成统一的教育思想。

孩子上小学了

　　孩子就要上小学了，相信作为家长的您，内心一定充满欣喜。从幼儿园到小学，孩子将翻开人生新的一页。孩子背上新书包，穿上干净的衣服，开始了新的学习生活。在嘱咐孩子一系列的问题时，家长自己也需要做好准备。

与孩子一同"入校"

　　在正式上小学之前，大多数孩子都读了好几年的幼儿园。一般家长认为，幼儿园几乎和小学差不多，孩子应该没问题。殊不知，幼儿园与小学对孩子的要求是完全不同的。上幼儿园是为孩子小学阶段所做的一个小铺垫，帮助孩子能够不太吃力地融入小学生活。

　　有朋友这样比喻：从幼儿园小朋友到小学生，就好似是由老百姓到军人的变化。幼儿园对孩子没有过多的硬性要求，也没有过多的规矩，孩子的自由度还是比较大的。但上了小学就不同了，学校有很多规矩，孩子要完成的功课也比以前多了很多，新的环境、新的同学、新的老师，这就使得孩子会出现很多的不适应。在孩子经历这一巨变的过程中，家长要与孩子一同"入校"，不仅是送孩子上下学，更重要的是家长要和孩子一样进入小学的状态。

孩子的各种不适应

　　从家到幼儿园，这是孩子生活空间的第一个转变；从幼儿园到小学，则是孩子生活空间的第二个转变。孩子刚刚熟悉了一个环境，却一转眼就到了该离开的时候，所以孩子也在承受着很大的压力，只是很多孩子没有明确地意识到这一点，而很多家长也不认为这是大事。

　　刚上小学的孩子最常见的不适应包括：对学习环境的不适应、对作息时间的不适应、对学习内容的不适应。可以说，这些不适应，基本上就是孩子小学生活开始的全部定义。对于孩子来说，这是一个很大的台阶。家长要对孩子多一些关心，多陪伴孩子，多给孩子一些正面的鼓励，增强孩子的信心。

扶着孩子走一段

面对孩子的各种不适应，家长不仅要扶着孩子走一段，更重要的是心理上与孩子同行一段时间。在此一直强调的是"一段时间"，这主要是考虑孩子存在各种不适应，需要家长的帮助。因为父母是孩子的第一任老师，是孩子最信任的人，再加上刚入小学，孩子不熟悉老师和同学，老师对孩子的指导作用也还没有完全表现出来。基于此，家长要做好这方面的工作。当孩子度过这个不适应期后，家长就要慢慢放手，培养孩子的独立意识。

孩子在顺利融入小学生活后，家庭教育工作也就全面展开了。扶着孩子走一段，不仅是扶着孩子尽快适应小学生活的过程，还是帮助孩子顺利走过小学六年的过程。

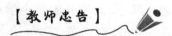

【教师忠告】

> 如果可以，你想不想重新读一遍小学？你希望家长怎么对待你？小学阶段是孩子最基础的成长期，父母起着很重要的作用。将姿态放低，与孩子一同成长吧，这是为人父母最珍贵的体验。

成长的第一步

一边放手，一边相伴；一边担心，一边欢喜；一边哭泣，一边微笑……对于孩子初入小学的家长来说，各种相伴相随的情绪交织在一起。

高标准严要求

对家长来说，孩子升入小学，长大了，对孩子的要求也就不能再像幼儿园的时候了。"明明已经是小学生了，比以前可懂事多了。"明明妈妈掩饰不住地夸着自己的孩子。孩子的每一点进步对家长来说，都是巨大的喜悦。

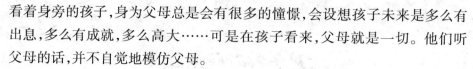

看着身旁的孩子，身为父母总是会有很多的憧憬，会设想孩子未来是多么有出息，多么有成就，多么高大……可是在孩子看来，父母就是一切。他们听父母的话，并不自觉地模仿父母。

孩子进入小学后，家长对孩子的要求就要提高一个标准，正所谓要"高标准、严要求"。让孩子感到成为一名小学生是多么自豪的事，使孩子从潜意识中对自我"严要求"。

有人说，天下最光荣的职业就是做父母；也有人说，天下最难的职业就是做父母。父母和孩子互相成为镜子，父母怎么要求，孩子怎么学；父母怎么做，孩子怎么做。因此，就有了一句话，谁的孩子像谁。虽然这话有一定的片面性，但至少从一个侧面说明了父母的作用有多大。

插上独立的翅膀

每个人的成长，可以说都是一个断乳的过程。从婴儿期喝母乳，到后来吃饭，再到开口说话、行走……每一步成长的路，都伴随着独立的脚步。从出生那一刻起，孩子就是为了独立而存在的。或者说，孩子本身就是独立的，因为人从一出生就是一个独立的个体。

从这个角度说，再给孩子插上独立的翅膀就好似有些滑稽。其实不然。孩子本身是独立的，但真正能做到独立还需要一个漫长的过程，需要不断培养并经受锻炼。独立的个体是孩子存在的形式，到孩子真正长大成人还有很长的路要走，这个过程需要家长的呵护与监护。

那么就从孩子每天都要进行的学习开始吧。学习贯穿于孩子的成长过程，可以说，人无时无刻不需要学习。对进入小学的孩子来说，首先要让孩子明确学习是自己的事。在孩子进入小学后，有很多家长把督促孩子学习当成大事来抓，最后都快变成自己去上学了。这样的累，是家长所累，也是孩子所累。教育孩子独立，要从教育孩子学习是自己的事开始。

【教师忠告】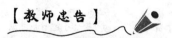

> 作为父母，也许没有更多的东西给孩子，也许可以有很多的东西给孩子，但这些都没有关系，最重要的是，要给孩子独自站立的机会。

让孩子做时间的主人

与幼儿园相比，小学最明显的不同就是对纪律和秩序的要求很严格。尤其刚升入小学时，孩子会感到很难受。为了使孩子能更好地融入小学生活，家长朋友要逐步培养孩子的时间观念和管理时间的能力。

规范孩子的作息

进入小学，对孩子时间观念的要求无形中也增加了很多。对此，家长要及时教育孩子认识及遵守时间。上了小学，每天都有严格的时间安排：几点上课，几点放学，几点吃饭；此外学校要求孩子不能迟到，不能早退，按时完成作业等。可以说，这些都是在体现着一个观念——时间。

作为家长，可以从规范孩子的作息开始：让孩子知道什么时间做什么事，让孩子逐步认识到一分钟可以做什么事，十分钟可以做什么事，一小时又可以做什么事……这样孩子慢慢就会注意到时间的重要性，并渐渐懂得珍惜时间。

井然有序很容易

生活在这个世界，除了游戏和玩耍，人最重要的是要做事情。有人说，吃饱了，总要找点事做。人要做事情，做事情需要时间。如果有时间，也有事情要做，那怎么做就是很重要的问题了；或者如果有时间，没事情做，那做什么就是很重要的问题了。

在初入小学的孩子中，这两个问题都有存在。但这些问题的根源在于如何管理时间。孩子有很多随意的喜好，一段时间喜欢这个，下一段时间又换了那个。这一方面反映出孩子没有常性，另一面又说明孩子的思维非常跳跃又发散。这种天性本身好坏参半，只要正确地引导，就会让它朝着有利的一面发展。孩子做事的时候，事先要规划一下，设定一个时间，这样就不会出现非常无序又杂乱的状况。

合理安排时间

一些孩子喜欢拖延，爱磨蹭，这是很多家长头疼的问题。但这本身不是孩子的问题，问题的根源在于孩子缺乏时间观念及自律意识。

孩子做事缺乏一定的长性、三分钟热度，有时并不是孩子故意拖延的，而是孩子没有了兴趣。孩子的兴趣是不固定的，很容易迁移。当孩子开始做一件事的时候，家长不仅要督促孩子认真做，还要让孩子自己预计需要完成的时间。让孩子知道时间是他自己的，做完事情后，剩下的时间可以自行安排。一旦孩子成为时间的主人，做事的效率就会很高，也就不会养成拖延的坏习惯。

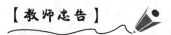

【教师忠告】

> 一寸光阴一寸金，寸金难买寸光阴。善于管理时间的人，有很强的自主性，做事情又快又好，很有逻辑性。每一个高效的人，必定具有很强的时间观念，并善于管理时间。让孩子懂得时间的重要性，学会做时间的主人，这会对孩子的一生产生重要影响。

培养孩子的理财观

从日常的零花钱，到过年的压岁钱，孩子始终在与金钱打交道，孩子的钱袋子始终处于有盈余的状态。因此，对孩子的理财教育不得不提上案头。有人说，我给孩子的零花钱很少，孩子的压岁钱都要交上来。这种观点正确吗？

一定要有个存钱罐

孩子有钱是好事。给孩子一些零花钱让他支配，这不仅是家长对孩子的信任，同时也是让孩子认识金钱的过程。孩子有钱了，首先要去做的是满足自己的欲望："我要买泡泡糖""我要买芭比娃娃""我要买汽车模型"……

在孩子要买的这么多东西中，有一样尤其需要，那就是存钱罐。其实，从家长给孩子零花钱的那天起，就应该送给孩子一个存钱罐；或者引导孩子去买一个；或者在孩子生日的时候，一起去挑选一个孩子喜欢的存钱罐，当礼物送给孩子。当孩子有了储蓄的观念，就不会乱花钱。有教育专家曾建议家长给孩子买三个存钱罐，分别作为日常开销所用、购买贵重物品用、存入银行用。

开设理财账户

伸手要来的钱，孩子不心疼；自己一点点攒的钱，孩子会倍加珍惜。让孩子有属于自己的"私房钱"，有利于培养孩子经济上的独立性。上小学后，孩子经手的钱比上幼儿园时多了很多，因此，正是家长对孩子进行理财教育的好时机。

可行的办法是陪孩子到银行开设理财账户。孩子有了自己的独立账户后，就正式拉开了通过消费和储蓄来进行理财的帷幕。独立的账户不仅为孩子进行合理的消费提供了实习的场所，也逐渐培养了孩子合理储蓄的良好习惯。

让孩子参与投资

俗话说："你不理财，财不理你。"家长都不希望孩子乱花钱，但孩子大多数都是立即享乐主义者，除非有更好的理由，否则让他们存下钱很难。理财专家就建议，让小学阶段的孩子掌握理财的最基本的知识并亲身尝试理财，这是培养孩子理财能力的一个很好时期。

除了让孩子学会传统的理财方法外，也有部分家长倾向于让孩子参与投资，使钱生钱。有一位在银行工作的朋友，他将孩子每年的压岁钱进行投资，所开户名也是孩子的，每年到年底的时候，都会告诉孩子当下的投资状况是什么，让孩子对投资理财有切身的感受。

指导孩子了解、熟悉并掌握基本的金融知识与工具，短期来看，能让孩子养成不乱花钱的习惯；从长远来看，对孩子独立生活能力的形成十分有利。通过了解手头的财务状况，孩子会有意识地学会规划自己的生活，安排相应的活动。

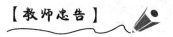

【教师忠告】

> 当孩子有了一定的金钱支配能力，知道其中的数字意义时，就会懂得该节约的时候要节约，该消费的时候要消费。另外，学会理财对孩子的耐性也是很大的考验。

拔苗助长要不得

在孩子还未成熟之前，家长要尊重孩子的实际水平，不可违背孩子的自然成长规律。在对待孩子的教育问题上，不要操之过急，要懂得耐心等待。通过不恰当的训练而人为加速孩子的发展，只会适得其反。

远离"考试机器"

拔苗助长的故事在小学的语文课本中就有，孩子们也都知道。这是一个贬义词，比喻由于违反事物发展的客观规律，急于求成，从而使得事情向坏的方向发展。一面是填鸭式的教学方式，一面是榨油式地给孩子增加过多的学习压力，两面夹攻使孩子逐渐向"考试机器"靠拢。从短期来看，也许孩子能够取得很好的学习成绩；但从长远来看，不仅会影响孩子的健康成长，还在一定程度上泯灭了孩子的创造性和创新灵感。

目前来说，小学功课呈现越来越难的趋势——奥数题难住大学生，一、二年级的语文题目难倒副教授。在这种情况下，孩子还要面对名目繁多的培训班、接连不断的模拟考，还有补不完的课、做不完的作业……这些都使得孩子承受着巨大的精神压力。家长望子成龙的心态及盲目攀比的作风，在一定意义上，"助长"了拔苗助长式的教育形态。

尊重孩子的成长规律

现在多数孩子是独生子女，家长对孩子都有着很高的期望值，甚至将全

部的希望寄托在孩子身上。为此,家长不惜财力、物力、人力,精心培养孩子,让孩子参加各种"补习班""培训班"。在过重压力的学习下,孩子身心疲惫,累得够呛。家长人为拔高的结果,常常是事与愿违的。尊重孩子智力和生理的发展规律、因材施教,才是正确的教育方法。

盲目攀比谁受苦

出人头地、光宗耀祖,这是很多家长对孩子的期望。但孩子的成就如何并不是完全由家长的主观意愿决定的。很多家长会表现出盲目攀比的心理:孩子成绩比别人优秀,说明基因优良,家长脸上有光,觉得自己也优秀。在这样的循环下,家长迫不及待地加快孩子的成长速度。孩子成了家长满足虚荣心的工具,这不能不说是一种悲哀。

孩子不是谁的工具,他只是独立存在的人。家长与其攀比孩子的成绩,不如调整心态,关注孩子的成长。孩子是家长的希望,但不应该是与别人攀比的资源,这是每一位家长都要持有的正常心态。

【教师忠告】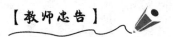

　　孩子的健康成长才是教育的最重要目标。各种情非得已、各种无可奈何,都不是拔苗助长的理由。循序渐进、因势利导、尊重孩子自己的选择,才是明智之举。

营造良好的家庭氛围

家是一个人心灵的港湾,不单是指吃饭、睡觉的住所,而是有爱的地方。作为家庭成员中的一分子,孩子也在感受着自己这个家庭的喜怒哀乐、悲欢离合。良好的家庭氛围,无疑会对孩子的成长及性格的形成起着非常重要的作用。

了解孩子的真实想法

家是可以放松的地方，家也是最紧张的地方。有人说，陌生人伤害不了你，真正能伤害你的，往往是你最熟悉的人。在赞美家庭无限温暖的同时，一定不能忘了，温暖的家庭氛围需要家庭成员的共同营造。

面对孩子，有些家长向来是高姿态，都是用命令的方式与其对话，或训斥，或怒吼，或趾高气扬。也许这样说有点绝对，但很大一部分家长是这样的。了解孩子的真实想法，这在很多家长看来很不可思议，"他能有什么想法，他懂什么，写作业去……"当您听到这样的语言，您的内心会有怎样的感受？不敢与家长对抗的孩子，他们的内心会不会难过？

没有人天生懂得如何教育孩子，或者说懂得如何与孩子相处。教育孩子并不容易，它不是一项差事，而是一门艺术。

孩子并不是空气

父母很容易看到孩子在婴儿期的成长：孩子会坐了，会说话了，会走路了。这个时期孩子的变化是非常直观的，带给家长的也是直观的视觉冲击。在进入小学或者以后的青春期的时候，孩子的变化对于家长来说就没有以往那么具有冲击力。这一时期，孩子的能力变化都是很细微的

或许这些变化不容易被发现，但并不表明孩子没有成长。孩子进入小学后，慢慢构造了自己的内心世界，家长在与孩子相处的过程中，应该多一些尊重、平等。有的家长没有认识到这一点，还以为孩子小不懂事，还将孩子当"小孩子"。这一方面没有注意到孩子的进步，另一方面也对孩子造成了伤害。

家长应该多顾及孩子内心的感受，除了关心孩子的衣食住行，除了关心孩子的学习，还应多关注孩子的内心成长。每个人都有对尊重的渴望，孩子更不例外，多给他一些鼓励、一些尊重、一些平等，孩子的内心也会多一些阳光、多一些绚丽。

 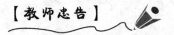
> 家是人们心灵相依的场所。在家里，大吼大叫是爱，轻声细语也是爱，家长朋友要注意爱的表达方法，给孩子一个可以接受的表达方式。"都是为了你好""都是你"，等等，这样太过主观的话尽量不说。同时，家长要逐渐给孩子多一些自由，他会飞得更高更远。

育人者先育己

有什么样的父母，就有什么样的孩子。这话说得多少有点绝对，但至少说明一个问题，那就是：父母对孩子有着非常大的影响。要求孩子做到的，父母要身体力行。对孩子来说，父母要讲大道理，更要给孩子做榜样。

"做"给孩子看

不爱学习、不爱看书、天天玩游戏……常听有些父母这样抱怨自己的孩子。孩子是每个家庭的希望，很多父母更是将自己的梦想寄托到孩子身上，因为自己这一辈子没有什么出息，自己的孩子就一定要有出息。也许正是基于这样的初衷，家长对孩子的要求更严格。

在此暂且不去探讨家长的这种想法是否得当。但作为家长，如果自身不去努力、得过且过、懒惰又没上进心，试想这样的状况会对孩子产生怎样的影响？孩子会有怎样的反应？这是合格的家长吗？家长可以教孩子各种知识，但对孩子的品德教育是要家长"做"出来的。家长的言行对孩子会产生非常大的影响。

无论是生活习惯、工作习惯，还是其他方面，家长都要严格要求自己，这既是对自己的善举，也是对孩子的善举。要求孩子做到的，自己一定要做到；自己做不到的，也不能要求孩子一定做到。

教育无处不在

对孩子的教育不一定是一板一眼的，而是非常随机的。对家长来说，教育不是说"孩子，我们来教育你一下""你来受下教育"；对于孩子来说，接受教育也不是说"我要受下教育""请教育我"。没有谁天生就是要受教育的，也没有谁天生就是要教育别人的。

正因为如此，教育是无处不在的，教育随时都会开始，孩子所接受的教育也是如此。家长要注意提高自身的修养，做好孩子的引路人。我们都希望孩子积极向上，这就要求家长要保持乐观的品质。在孩子面前，家长要少说泄气的话，多向孩子展现社会良善、美好的一面。同时，营造出一个乐观向上的家庭氛围。

在与孩子交谈的时候，家长应该放低姿态，专心注视孩子，这样孩子会感到家长对自己的尊重，同时也会重视家长所说的话。这些细节行为的影响往往会让孩子的内心产生很微妙的变化。在工作中遇到困难了，没有退缩，勇往直前；待人礼貌热情；团结邻居；关爱弱势群体……家长的这些举动都会被孩子看到。

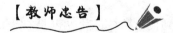

【教师忠告】

孩子的学习态度如何、道德品行怎样，与家长的榜样作用有着直接的关系。孩子好似一面镜子，能将家长的优点发扬光大，也会将家长的缺点重现。在企盼孩子成为社会有用人才的同时，家长要首先规范自己的行为，孩子自会受益。

保护孩子的梦想

孩子们，你们的梦想是什么？我想飞上蓝天，我想亲近白云，我想畅游海洋，我想驰骋原野，我想成为科学家，我想成为警察，我想成为清洁工，我想成为医生，我想成为农民，我想成为解放军，我想成为老师……

小小的梦想"小小的"

孩子们的梦将大地温暖,将星空照亮,将霞光挽留,将绿意萦绕。那是属于孩子们自己的多彩的缤纷的梦。家长们怎样设想自己的孩子呢?要有出息,要考高分,要上大学,要有好工作,要做大官,要有本事……相对来说,家长们的梦想也是多彩的、缤纷的。

童年和少年的时光是无忧无虑的,充满了各种奇思妙想。小学阶段的孩子对梦想没有特别清晰明确的概念,但心中总是充满了各种奇思妙想的:长大后要怎样、以后要做些什么……

家长希望孩子的梦想切合实际,有很多孩子在家长的"帮助"下,都将梦想变成了"考上名牌大学""考试得满分""获得(某某)证书"……这样做,其实剥夺了孩子做梦的权利。孩子的梦想小小的,好似虚无缥缈,又不着边际。但这并不能成为我们去干涉并指责一个孩子的梦想的理由,因为每个孩子都是奇迹,因为每个梦想都伟大。

允许孩子天马行空

孩子的世界是神奇的,是大人们想象不到的;大人的世界也是神奇的,是孩子们不能理解的。同样一件事情,在孩子眼里和家长的眼里绝对是不一样的。家长们过了天马行空的年龄,多了现实,多了功利,多了狭隘;孩子们正在活动翅膀、准备飞翔,多了梦想,多了无私,多了辽阔。

首先要肯定孩子的梦想。人人可以有梦想,人人都会有梦想。梦想让人充满了对未来的向往,让人有一种精神的力量,那是超越了无限的动力。家长要把孩子作为一个独立的个体看待,尊重孩子的梦想,对他说一句:"允许你天马行空。"不着边际,这就是孩子的梦想,也是梦想迷人的地方。小学阶段的孩子,在他们五彩缤纷的梦想中,常常潜藏着自己的兴趣和潜力。在肯定孩子梦想的基础上,家长可以去激发孩子的兴趣,在实践的体验中帮助孩子找到适合自己的梦想。

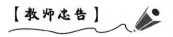

【教师忠告】

> 有梦想就会了不起。梦想没有大小之分，也没有卑贱之分，一切梦想都是伟大的。作为家长，不要做扼杀孩子梦想的人，要在尊重孩子梦想的前提下，积极引导并发现孩子的兴趣点。

达成统一的教育思想

在如何教育孩子的问题上，夫妻双方拥有不同的看法、观点，甚至产生分歧都是很正常的，没有必要争得面红耳赤，没有必要大吵大闹，更不应动摇夫妻间的感情。根据孩子的特点，可以共同商定对孩子的教育方案，达成共识，保持对待孩子态度的一致性。

用合理的方式对待孩子

为人父母是一项光荣的事业，不同的父母会教育出不同的孩子。在面对孩子的时候，父母们多呈现出三种状态：讨好型、说教型、冷漠型。

"讨好型"：这种父母事事以孩子为中心，对孩子提出的要求一般都会满足，希望孩子幸福开心，所教育出的孩子通常越来越任性，总认为一切都理所当然；"说教型"：对孩子总是说教的父母，认为孩子做得好是应该的，容易使孩子产生对抗和愤怒的情绪，不利于亲子关系向更好的方向发展；冷漠型：对孩子采取冷处理方式的家长，心里也是爱孩子的，但相信孩子有自己的世界，因此，对孩子的行为和情绪"不关注、不干涉"，这样会使孩子感到很没安全感，有可能会变得自闭或具有侵略性。

经过分析可以看出，没有哪种类型的父母是完美的。因此，家长要注意关注孩子的成长，用合理的方式对待孩子，为孩子健全人格的发展创造更加温馨、平衡的内外在环境。

避开孩子交换意见

在教育孩子的过程中，夫妻双方要经常商量，达成统一的意见。对孩子出现的棘手问题或者突发事件，如果没有来得及沟通，夫妻双方要冷静对待，听清事情的原委后，不要急于发问或者指责，更不要当着孩子的面商量对策，这样会使孩子感到不知所措，茫然无助。正常的处理办法是在避开孩子的前提下，夫妻双方先交换下意见，在达成共识后，再去帮孩子处理问题。

最应该避免的是当着孩子的面，夫妻双方你一言我一语，有的甚至互相埋怨、指责、争吵起来。教育孩子的方法要统一，双方意见不统一就会把困难推到了孩子那里，要孩子自己选择。在孩子不具有完全判断能力的时候，这是很困难的一个选择。这样一方面会形成孩子"钻空子"的心理，另一方面会使孩子不再相信父母，也不再听父母的话。

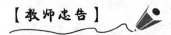

【教师忠告】

> 夫妻不要在孩子面前指责对方的管教方法，这一点是要谨记的。当对孩子的教育问题出现不一致的意见时，夫妻双方要在避开孩子的情况下积极沟通并找出解决之道。在不和谐的家庭中成长的孩子，性格上会存在一定的缺陷。

不做缺席的家长

孩子喊一声爸爸、妈妈，这不是一件很普通的事情，它意味着责任和关爱。孩子上小学了，不是说家长就可以放手不管了、可以完全交给老师了，如果是这样想的话，可以说是家长的失职。

家长变糊涂了

有这样一句话：所有的孩子从古到今都是一样的，不同的是家长变了。现在有太多的家长不愿意花时间、精力和心思在孩子身上，只愿意在孩子身

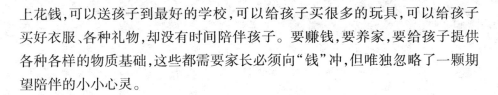
上花钱，可以送孩子到最好的学校，可以给孩子买很多的玩具，可以给孩子买好衣服、各种礼物，却没有时间陪伴孩子。要赚钱，要养家，要给孩子提供各种各样的物质基础，这些都需要家长必须向"钱"冲，但唯独忽略了一颗期望陪伴的小小心灵。

别那么自私

每个成年人都有不同的角色，既有社会角色，也有家庭角色。在不同的场所扮演好自己的角色，不仅是必须的，而且是应该的。在单位要认真工作，在家要好好照顾家人，这两个方面共同体现着一个人的价值。单一的工作狂，不是健康的；单一的居家型，也是缺乏社会性的。孩子也是一样，学校的生活是孩子社会性的表现，家庭的生活是孩子家庭性的表现。家长不能只要求孩子学习学习再学习，要求孩子考试考试再考试，家长不要那么自私，听听孩子有什么要求——也许他的要求只是一个微笑。

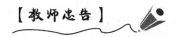

【教师忠告】

　　家庭教育是独立于学校教育的，学校教育不能替代家庭教育。这里要对缺席家庭教育的家长说：你的缺席就是对孩子最大的伤害。

Part 2 亲子沟通，用正确的方式表达你的爱

　　每个家长都是爱孩子的，这是天经地义的。对于家长的爱，如果要问问孩子"你感受到了吗"，相信每个家长都会热切渴盼着孩子肯定的答案，同时又心情忐忑。怎么会这样呢？这是因为孩子的世界不同于成年人的世界，孩子看事情的角度也与成年人不同。当家长懂得这些，在与孩子沟通的时候，是不是会多一些胜算的把握。关键是要让孩子感受到您的爱，对不对？

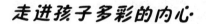

走进孩子多彩的内心·

有位名人这样说："如果真的想走进孩子的内心世界，那么就变成一个孩子吧。"走进孩子的内心吧，将亲情的阳光洒下，滋润孩子的心田。只有经常和孩子交流沟通，了解孩子的想法，我们才能透过孩子清澈的眼睛，去重新审视这个世界，从而理解孩子。教育孩子，80%的工作是沟通，20%的工作是指导。

聆听孩子的心声

家长在与孩子沟通的时候，要注意多听少说。家长应该多花时间与孩子相处，高高兴兴地与他们交谈，倾听孩子的话语，正确理解孩子的想法和感受；另外，家长不要盲目打断孩子、指责孩子，要站在孩子的立场去理解他说话的内容。当家长这样做的时候，孩子会有一种被理解、被重视、被接纳的感受。

用心聆听孩子的心声，是对孩子的尊重与肯定，赋予了孩子很大的自由，包括表达的自由、思想的自由，以及心灵的自由。带着这样的感受，孩子就会很愿意向家长敞开心扉，进行更多的交流。

充分尊重孩子

要想全面了解孩子，除了在家里的交流外，有必要扩大信息的来源。比如，家长可以向学校的老师（包括班主任或者任课老师）了解孩子在学校的情况，比如和同学相处得怎么样、孩子有哪方面的问题，等等。这样，就可以及时掌握孩子的思想状况及学习状况，在孩子需要的时候，能够及时地提供帮助。

孩子虽然年龄小，但也有一颗敏感的心。相对于成年人，孩子作为一个独立的个体，他也有自尊，有自己的想法和追求，渴望得到成人的尊重，希望能够有决定自己事情的权利。所以，要想走进孩子的内心世界，首先要从充分尊重孩子开始，给他一片自由的天空。

从小地方观察

想了解孩子,在日常生活中多观察,就可以有很多的发现。俗话说"眼睛是心灵的窗口""言为心声",孩子平时的语言、动作多多少少都在反映着他的内心世界,家长应该多注意孩子平时的一言一行,了解他的喜怒哀乐。孩子的作业本、笔记本上的小涂鸦有时候都是他心灵独白的一部分,从中可以了解到不少的信息。家长可以从这些地方入手,但一定要注意,不要给孩子一种被监视的感觉,而要把孩子当朋友看待。

一直在你的身边

在家庭生活中,家长要主动营造一个良好的聆听氛围,和蔼地倾听孩子说话。这就有一个要求——家长要放下架子,不要摆出一副高高在上的姿态:在孩子遇到困难或者是挫折的时候,陪在孩子身边,温和地搂着他,倾听他的诉说,讲几句关心的话。这会让孩子知道,在遇到事情的时候,有家长在他的身边。

家长经常与孩子进行良好的交流,一方面能够了解孩子的真实想法及内心世界,另一方面,也可以让孩子体会到家长的苦衷,逐步懂得为家长排忧解难,学会承担家庭责任。孩子常常就是家长的一面镜子,会折射出家庭教育成功的一面,也能折射出家庭教育失败的一面。

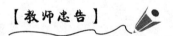

【教师忠告】

> 多静下来听听孩子说话,你将看到一个纯真无邪的内心世界。孩子的内心丰富多彩,有很多的事情、感受和小秘密,很希望爸爸妈妈能了解。

站在孩子的角度看问题

家长常常都很忙,没有太多的时间去关注孩子。当孩子出现问题的时候,又不知该从哪里入手。这个时候,不妨从孩子的角度

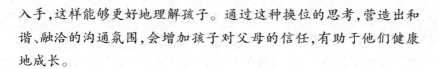

入手,这样能够更好地理解孩子。通过这种换位的思考,营造出和谐、融洽的沟通氛围,会增加孩子对父母的信任,有助于他们健康地成长。

全面认识、了解孩子

在孩子成长的过程中,最重要的就是沟通和交流。通过有效的交流,让孩子学会做人、做事,使他能够了解父母,认识人生。在日常生活中,应将这种沟通作为一种习惯。但家长不能以"绝对权威"的姿态表露出一副高高在上的样子。在与孩子聊天的时候,家长要善于倾听孩子的叙述,了解孩子的观点。当孩子观点正确的时候,做家长的一定要给予肯定,并鼓励孩子大胆坚持下去;反之,对于孩子在认识上存在的误区,家长要注意帮孩子分析并加以引导,帮助他们认识清楚,而不要把观点强加给孩子,更不能训斥、打骂孩子。

不断学习,提高本领

作为父母,除了关心孩子的成绩之外,还应该多学习些有关孩子成长的知识。做为合格的父母,最起码要学习一些知识:首先,要想成为孩子的朋友,必须要有正确的教育观;其次,要掌握一定的心理知识,了解孩子在不同时期的认知特点及心理特征,这一点非常重要,如果只关心孩子的学习,没有察觉到孩子的心理变化,仅仅认为是孩子不懂事、招人嫌,这样会使孩子感觉父母不关心自己,逐渐和父母变得疏远,独自承受内心的不安、委屈。除了上述两点,家长还应该学习一些与孩子沟通交流的方法与技巧。学习的途径也是很多的,如阅读相关的书籍、报纸,参加一些父母课堂等,当然,还可以就具体问题咨询有关专家,或者和其他家长交流交流经验。

平等对待、尊重孩子

作为父母,能够给予孩子足够的尊重,是处理亲子关系的重要保证。父母能够平等地对待孩子,孩子就会懂得用温和的态度对待他人,这无形中加速了孩子心理上的成长。同时,当父母用平等、尊重的态度与孩子交流的时候,也就为孩子创造了一个了解成人、了解社会的窗口。在对待孩子的错误时,父母要能够耐心并心平气和地摆事实、讲道理,说明问题的严重性及其危害所在，让孩子心服口服。如果在这个过程中，父母发现自己有不当的地方，要及时向孩子道歉，这样，孩子会很感激并信任父母。

家长对孩子的尊重，还表现在对孩子"小毛病""小错误"的宽容对待上，要给孩子一个改正的时间，不要要求孩子马上做到、立竿见影。为了鼓励孩子实现目标，有的家长采取协议奖励的办法，要注意的是，若采取了这种办法，家长就一定要信守承诺。对此，有的家长不以为然，殊不知，这是家庭教育的大忌。对孩子不讲信用，就意味着在父母心里对孩子有"歧视"，这无形中会拉大父母与孩子之间的距离，弄不好会使得孩子失去对父母的信任。

【教师忠告】

> 家长要注意站在孩子的角度看待问题、分析问题，从而解决问题。这样会使家长的教育方法得当、思路客观、不出或者少出偏差，从而使孩子少被冤枉、少受委屈，促进家长与孩子之间的无障碍交流。

请尽情赞美孩子

有些父母总是拿自己的孩子和别人家的比，觉得自己的孩子不好，人家的孩子好之类的，这样的教育方式直接造成孩子缺乏成就感，使孩子逐渐形成自卑的心理。据调查，目前学生中普遍存在一定程度的自卑情结，这和父母的教育方式有一定的关系。

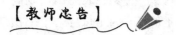 **为孩子欢呼**

目前中国家庭存在的最大的问题就是父母对孩子的满意度差，看不到孩子成功的一面，总看到孩子失败的一面。有报道说世界上学习最刻苦、成绩最优秀的就是中国孩子，但相对的，中国父母对孩子的满意度是最差的。有这样一个故事：中美两国的孩子在一起打篮球，中国孩子十个球进了九个，中国妈妈很不满意，反复强调那个球怎么没进；而美国孩子十个球只进

了一个,可他的妈妈高兴得欢呼雀跃。在中国妈妈眼里,美国妈妈的表现无法理解。但充满成就感的是只进一个球的美国孩子,而饱含失败感的是进了九个球的中国孩子。可见,错误的教育观念如果不能得到纠正,那必然会影响孩子健康的成长,进而影响整个民族的素质。

用欣赏的眼光看孩子

在孩子的一生中,会有无数人评价他。但孩子对自己的第一个认识就来自于父母,所以,父母要正确看待孩子。有一位成功人士在接受采访的时候,被记者问道:"您的才华很让人钦佩,但长相让人不敢恭维。不知您怎么看?"没想到记者得到的回答是:"在我母亲眼里,我就是最好看的。"

用"放大镜"看孩子的优点

每个孩子都是独特的。作为家长要注意到孩子一点点的进步,并为孩子高兴。如果时间和精力允许的话,做一个孩子成长的记录,也是一件温馨快乐的事情。

在培养孩子方面,家长首先要有信心,不能有负面情绪,不要去否定孩子,要相信他能成才,接受孩子的"不够好",接受孩子暂时不能达到家长的要求,不要用自己的框框去套住孩子。另一方面,要积极地为孩子创造适合他发展的条件,并鼓励他大胆去实践。在不断鼓励中成长起来的孩子,哪怕是能力较差,也会逐渐形成肯定的自我概念,表现出独立、乐观和自信,行为也比较积极主动。

好孩子是夸出来的

孩子需要他人的肯定与赞赏,作为家长,要经常由衷地赞美并鼓励孩子,让孩子对学习与生活充满信心,哪怕只进步一点,也要大加赞赏。家长对孩子批评过多,会造成孩子情绪低落,学习时犯的错误会更多。孩子出现问题,不要马上判定好坏,找到适合的方法,孩子就会进步,对孩子的优点多说一些,对于他的缺点,不是不说,而是不要强化。好孩子是夸出来的,所以家长不要吝啬对孩子的赞美。

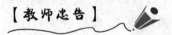

【教师忠告】

> 自信的基础就是认识并喜欢自己。家长要培养孩子的自信心，使孩子不断进步。另外，切记不要给孩子太大的压力，对孩子的要求不能超过他实际的能力，更不要动不动就批评孩子，这会使孩子的求知欲下降，好奇心受到挫伤。

蹲下来和孩子平等对话

很多孩子和家长的关系就像是"熟悉的陌生人"。出现这种情况，家长的教育方式要有所改变。当然，"皮鞭加说教"的方式是断然不能使用的。同时，家长要改变高高在上的权威形象，懂得蹲下来与孩子进行平等地对话。

以一种平等的姿态去爱孩子

孩子虽然年龄小，但同样渴望得到大人的尊重和理解。小强的爸爸妈妈这周都要出差，由于没人照顾小强，所以妈妈决定将他送到外婆家。临走那天，小强放学回来看到妈妈在收拾自己的衣物和洗漱用品，就大声冲妈妈嚷道："你干吗进我的房间，碰我的东西？"虽然小强知道了原因，但由于妈妈没有事先跟他说明，还是很生气，就说不去外婆家。妈妈一听，非常生气，便说："大人决定的事还要和你商量吗？告诉你，不去不行！"当然，后来小强还是去了外婆家，但母子俩闹了好长时间的别扭。

从这个例子可以看出，在与孩子的沟通中，建立平等的关系是多么重要。其实孩子是很听话的，只要家长多尊重他们，能够用平等、真诚的态度与他们沟通。

蹲下来和孩子说话

如果稍微留意一下，我们就会发现很多家长和孩子说话都是站着的，同

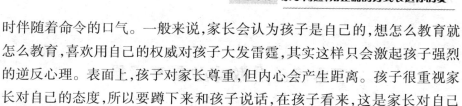

时伴随着命令的口气。一般来说，家长会认为孩子是自己的，想怎么教育就怎么教育，喜欢用自己的权威对孩子大发雷霆，其实这样只会激起孩子强烈的逆反心理。表面上，孩子对家长尊重，但内心会产生距离。孩子很重视家长对自己的态度，所以要蹲下来和孩子说话，在孩子看来，这是家长对自己平等的态度。

妮妮个子比同龄的小朋友要矮一些，她感到很自卑。她很少和父母主动交流，在外人面前也很少说话，在学校表现得也不积极。一天，家里来了客人，妮妮又躲进自己的屋子去了。这时，妈妈走进妮妮的房间，蹲下来和妮妮说话，因为正好眼睛和妮妮平视，妮妮感受到了尊重，也就同意了出来和客人打个招呼。

把孩子当成大人

小学三年级的亮亮，有次回家看到妈妈在做家务，把书包放下后，就想帮妈妈扫地，谁知妈妈夺过扫把说："扫什么啊，脏分分的，快到屋里做作业吧。"后来，亮亮想报名参加学校的篮球队，妈妈又说打球的时候受伤怎么办，硬不让去……就是这样点点滴滴的小事，使得母子的关系越来越远。家长不能像对待成人一样公平、公正地对待孩子，也是造成孩子与自己产生隔阂的原因之一。

很多的时候，家长喜欢将自己的想法强加给孩子，从而忽略了孩子真正的需要，也没有给予孩子应有的发言权。在与孩子进行沟通的时候，家长说话的语气要和缓些，减少盛气凌人、强词夺理的说辞，比如："别废话，快点儿""哪有那么多理由，我说对就对"。放下权威的架子，和孩子进行平等的交流，把他们当成大人，当家长这样做的时候，是对孩子很大的尊重。这样将使得孩子的自信心增强，同时有利于孩子的心理健康。

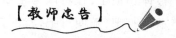

【教师忠告】

> 在家庭中受到平等对待的孩子，相对来说，在社会上独立生存和处理问题的能力就强。家长在蹲下来与孩子沟通的同时，心态也要放下来，这对孩子的进步与成长具有很重要的积极意义。

不露痕迹是教育的最高境界

长期以来，中国都流传着这样一些俗语"不打不成器""棍棒底下出孝子""打是亲，骂是爱，不打不骂把娃害"……过重的体罚，是对孩子智力、心理和价值观的"三重危害"。

宣扬暴力不可为

"每次我贪玩或成绩不好的时候，就会挨打。爸爸用竹板子在我屁股上狠狠抽打着，每次都肿得很厉害。后来我的成绩提高了，但父母的要求也提高了，所以还是要挨打。经常这样打，屁股会不会有什么变化，会有影响吗？"

这是一位十二岁小男生给一位医生的留言。不知看了留言的朋友会有什么感想。家长要注意"手下留情"，能起到教育目的即可，滥用体罚会使得孩子学习到错误的解决问题的方式，认为弱者就是要服从于强者，使用暴力解决问题最快最有效。如果通过体罚，给孩子灌输了这样的想法，不能不说是十分糟糕的。孩子学会了"打人经验"，就会采取"以暴制暴"的解决方式，很容易染上暴力习性，甚至走上犯罪的道路。

惩罚孩子要有分寸

在内心里，每个孩子都有几种渴望：首先是得到父母的爱护和关怀，这会让孩子感到温暖；其次是被别人接受，得到他人的尊重；还有就是得到他人的赞赏。家长滥用体罚的结果，就是孩子被体罚惯了，在习以为常后，可能就不再惧怕了，甚至会形成这样的心理暗示："打吧，随便打吧，看能把我打成什么样！"

家长对孩子的惩罚要有"度"，进行惩罚前，要保持冷静的心态，不能受自己情绪的影响。另外，还要了解孩子的性格特征，外向型的孩子和内向型的孩子对惩罚的承受力是不同的，所以在惩罚的轻重上要有所不同。另外，对孩子惩罚要注意场合，不要在人前说孩子。这样会伤害孩子的自尊心，惩罚之后要对孩子进行适当安抚。

在某种意义上，惩罚也是一种对孩子爱的表现，但只有把握好分寸，才能发挥出积极的作用。滥用体罚会破坏家长与孩子之间的亲密感情，不仅会严重伤害孩子的自尊心，而且会使家长在孩子心中的威信丧失，造成严重的隔阂。

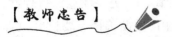

【教师忠告】

> 尽管赏识教育是目前家庭教育的主旋律，但对孩子适当的惩罚也是难免的。家长对孩子一定要惩罚有度，不可滥用体罚，给孩子造成身体和心理上的伤害；在批评孩子的时候态度要严肃、语言表达要诚恳，告诉孩子错误的危害，让孩子明白哪些事情是可以做的，哪些是不可以做的即可。

伤孩子的话不要说

在与孩子的沟通中，家长使用的语言不同，所产生的效果也不同。家长所使用的语言可能使孩子更加乐于合作、更加自信，也可能会使他们感到挫败并失去信心。因此，作为家长，在和孩子沟通的时候，要注意说话的艺术，应该多说能解决问题并让孩子快乐的话语，要避免那些伤害孩子的话从嘴边溜出。

善用良言，禁用恶语

经常遭受"语言伤害"，会使孩子的心灵产生扭曲，就是成年后也会出现较多的行为障碍和个性弱点，从而难以适应社会。为了孩子的健康成长，家长要对不良语言可能产生的严重后果予以高度的关注，不要以为几句话不会对孩子造成多大的危害。家长在气急之下，口不择言而说的很多刺激孩子的话，往往对孩子造成了心理伤害，而自己还浑然不知。

要知道，这样的心灵伤害，可以说，比肉体伤害还要严重。作为孩子的"第一任老师"和"最信赖的亲人"，父母一定不要用语言伤害孩子，那样会造

成孩子有意地疏远和躲避。

讲究批评的艺术

孩子的心多是敏感并多变的，作为家长，要多使用积极性的语言教育孩子。特别在"恨铁不成钢"或者气急的种种情况下，更要注意保持理性，控制好情绪，注意说话的方式，努力做到和风细雨、循循善诱。要讲究批评的艺术，以提醒、启发的口吻代替指责、训斥。

在爷爷的生日聚会上，轮到小军向爷爷说祝寿词的时候，小军一时不知道怎么说。这时，一旁的爸爸随口说："这孩子什么都不行，学习学习不行，说话说话不行。在家人面前有什么不好说的……"面对爸爸的责备，面对一大家子人，小军无地自容，只想找个地缝钻进去。

遇到这种情况，家长一定要鼓励孩子，要能够理解孩子的紧张、害怕等心理特征。"你怎么越大越……""你怎么就不能像人家……那样呢""我刚才怎么跟你说的"，类似这样的话，会刺伤孩子的自尊和心灵，一定要避免说出口。

辱骂使孩子自尊残缺

家长可以换位思考一下，如果自己受到辱骂，会是怎样的心情？孩子其实也是同样的，只是不一定能够完整表达出自己所获得的感受。作为家长，要注意这一点。在羞辱中长大的孩子，内心一定会存在阴影，因为他的家人首先是不认可他的，那在外人面前，潜意识里也会自卑和胆怯。自尊是孩子建立自信的必要条件，因此家长要多说些鼓励的话给孩子听。

【教师忠告】

"良言一句三冬暖，恶语伤人六月寒"，同样是语言，"良言"和"恶语"的功效却截然不同。要想科学地教育孩子、关爱孩子，家长就要多使用积极的语言，避免对孩子形成"语言伤害"。

善用无声的语言

社会心理学家认为，触摸是人际沟通中最有效的方式之一，每个个体都有被触摸的需要。这些触摸包括拥抱、抚摸、拍肩膀、牵手、鼓掌等，这些无声的语言就好像孩子成长的养分，也是父母与孩子的交流中必不可少的。

给孩子呵护、疼爱

父母一个细微的动作或者一个关注的眼神，都可以表现出对孩子深深的爱，都会给孩子无穷的力量，让孩子更自信与快乐，能够深切体味到爱与亲情的温暖。

曾经有位著名的画家，在他小的时候经历过这样一件事情。一天，他按照妈妈的嘱咐，独自在家照顾妹妹。无意中，他发现家里有几瓶彩色墨水，绚丽的色彩吸引着他，使他突发奇想，要用这些墨水为妹妹画一张肖像。于是他以地板为画纸，开始涂抹起来。他玩得很尽兴，地上充斥着乱七八糟的墨迹，整个家脏乱不堪。当妈妈回来的时候，在被眼前的情景惊呆的同时，也看到了地板上的画像。她没有责怪儿子，而是惊喜地说："啊，那是妹妹！"说完，弯下腰亲吻了下儿子。长大后，他总是骄傲地说："是母亲的亲吻使我成为画家。"

小动作带来大鼓舞

在沟通的过程中，父母慈爱且专注的眼神会使孩子受到极大的鼓舞，并愿意进一步与父母沟通。作家周国平曾说，父母的眼神，对于孩子的成长有着不可低估的影响。对孩子来说，父母的眼神可以说就是笼罩他们的一种光线，使得他能够感受世界的明暗和自己生命的强弱。

当孩子大了后，有些父母就不知道该怎么表达对孩子的爱。其实这并不难，从小的细节做起就可以。如果孩子做了一些值得赞扬的事，可以拍拍孩子的手臂、搂搂肩膀等，同时用轻松赞扬的口吻说一句"臭小子，越来越像我啦"，之后再摸摸孩子的头。摸摸孩子头，这个动作虽小，但效果却很好。

肯定孩子的动作

在与孩子的沟通中，无声的语言发挥着重要的作用。当父母张开双臂拥抱孩子时，会带给孩子极大的安全感。著名心理学家研究发现：拥抱能让人们之间的关系更加亲密。在主题为"心中的好妈妈"的调查问卷中，有人这样写：妈妈跟我聊天的时候，总是拉着我的手，摸着我的头，专注地望着我，并不住地点头。妈妈的这些动作，让我倍感亲切，备受鼓舞。随着年龄的不断增长，这些记忆变得越发珍贵。

与孩子握手表明父母对孩子的尊重；微笑让孩子觉得父母喜爱并赞许自己；亲吻使孩子更加深刻地感到父母对自己的爱；父母的沉默，能够让犯错的孩子自省；拍拍孩子的肩膀，会使孩子感到父母的友好，以及对自己的平等……这些无声的语言在沟通中所起的作用，是有声语言所无法替代的。

【教师忠告】

在与孩子相处的过程中，如果家长经常使用一些积极的肢体语言，通常会使孩子在成长的过程中变得更加积极乐观；相反，如果家长总是对孩子使用一些消极的肢体语言，比如低头、摊手等，这样教育出来的孩子是很自卑的，容易受伤。

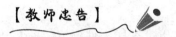

沟通，从信任孩子开始

作为孩子最贴心的人，父母的支持与信任对孩子的健康成长起着重要的作用。如果父母首先对自己的孩子持一种不信任的态度，那么也就取得不了孩子的信任。在缺乏信任的亲子关系中，必然也就没有沟通而言，家庭矛盾会逐渐突显。

孩子需要父母的信任

十岁的毛毛,是爸爸妈妈的掌上明珠。毛毛的妈妈这样说道:"孩子这么大,我从来不肯放手让她独行,就是离家不远的商店也没让她单独去过,我也是担心孩子遇到事不会处理,怕她被车碰着。有几次孩子挣脱我的手,想自己独立办事,我都给拽回来了,孩子眼里含着泪水。有一次,毛毛想去书店看书,见我不答应,就说:'妈妈,给我一次机会吧,我肯定没问题。'面对孩子乞求的话语,我勉强同意了。两个小时后,毛毛高兴地从书店回来了,自豪的神情挂在她的脸上。"

通过上面这位妈妈的叙述,我们能够看到,信任对孩子是多么重要。处于小学阶段的孩子,他们的独立意识、自我意识在不断增强,渐渐不再满足于生活在父母的约束和管束之下。当父母信任孩子,让他们自己处理一些事情的时候,孩子就会变得懂事,有很多问题就愿意和父母沟通,更增加了对父母的信赖。

最好的恩宠是信任

其实,从孩子慢慢懂事开始,他们就有了自己的思想,和大人一样,期待被理解、被尊重,以及得到信任。只是,很多家长以为孩子年龄小而忽略了这一点。

丁丁是一个调皮的男孩。一天,他从外面捡回家一只小鸟。因为小鸟受伤了,丁丁担心它会死去,但又害怕爸爸妈妈不让养,不知道把它放哪儿。在坐立不安中,妈妈回来了。看到孩子手里的小鸟,丁丁妈很奇怪,当知道了孩子的想法后,还没开口,只听丁丁说:"妈妈,求求您了,让我养它吧!"看着孩子渴求的眼神,看着可怜的小鸟,妈妈同意了,但考虑到没有养鸟的经验,在和孩子商量之后,妈妈和丁丁一起将小鸟交给附近公园的管理人员,并与公园的工作人员说好,在小鸟养伤的过程中,丁丁可以过来和工作人员一起照看,直到放它飞回天空。

信任是莫大的鼓舞

信任孩子,是给孩子一个成长的空间。在条件允许的情况下,慢慢放手,让孩子自己去突破,让他们去挑战自己,这该是他们多么重要的成长经历。对于父母来说,看到孩子在一点点进步,这是多么欢欣的事情。

万一孩子真的犯了错，作为父母一定不要袖手旁观，但责备与打骂可以说都是下策，最应该做的就是接纳孩子，陪着他一起解决问题，与孩子一起经受考验、获得成长。对于成长阶段的孩子，这种鼓励与同行的感受，真可谓妙不可言，使孩子更信任自己的父母。

做事情之前，如果孩子习惯与父母先商量，这是最好不过的。这可以很好地帮助父母了解孩子的想法、思想等。但如果孩子不跟父母商量，那只有告诉孩子："爸爸妈妈相信你，不管你做了什么事，相信你会照顾自己、保护自己，能够做出最好的决定。"

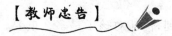

【教师忠告】

> 尊重和信任是进行沟通的前提，在这一基础上，交流才可以进行并完成。家长与孩子成功沟通的基础就是相互接纳、相互信任，信任孩子，并被孩子信任，这样才能与孩子建立良好的关系，帮助他们更好地成长。

秘密是孩子成长的养料

在成长的过程中，每个人都会有自己的秘密，孩子也不例外。孩子心中那些五花八门的"秘密"，是他们内心一块"非请莫入"的圣地。很多家长总想知道孩子的秘密，也害怕孩子有秘密，希望能够全面了解孩子的一切行为，这是可以理解的，但要知道，秘密是孩子成长的养料。

我的秘密我做主

周周是一个十二岁的小男孩，他很生气地和好朋友说："我很烦我妈，已经三天没跟她说话了。她偷看了我的日记，真是让人生气。虽然她是为了我好，但我不想让她知道我的秘密。"二十世纪八十年代电视剧《小龙人》的片尾曲中就有这样的歌词："我有许多的秘密，就不告诉你，就不告诉你，就不告诉你……"对于孩子的秘密，父母应学会去尊重和保护，不要去千方百计、不择手段地干涉。因为当孩子的这些秘密被大人知道时，其稳定的心理就会变得紊乱，对父母会产生激烈的抗拒情绪，从而影响与父母的关系。

秘密意味着孩子自我意识的成长。所以对于家长来说，发现孩子有了自己的秘密，应该感到高兴，这意味着孩子有了自己的内心世界，他在渐渐拥有自己独立的空间。重视一个心灵的成长，最好的方法莫过于让其内心拥有一份独自承担的秘密。

请勿打扰

随着孩子的成长，他逐渐有了自己对社会、对周围环境的体验，就有了一些自己的小秘密，并慢慢构建起自己的内心世界。相对来说，对于这些变化，父母由于不能感同身受而感到无助，所以会有偷听电话、偷看日记，甚至跟踪孩子的行为出现。父母的心情可以理解，但这种行为是不值得提倡的。允许孩子有自己的私人空间，对孩子给予应有的尊重，这是十分必要的。所以，"请勿打扰"可不仅仅会出现在宾馆的门把手上，实际上，很多孩子也会在自己房门上留下这样的话。

有一位爸爸没有敲门就直接进到儿子的房间，儿子非常生气，大声问："为什么不敲门就进来，什么事？"这位爸爸很伤心，说道："你小子长本事了，这么对我。"儿子在日记中这样写着："我看书写作业时，有时候就感到背后有喘气声，一回头，发现爸爸在偷偷盯着我。每当这时，我就感到好似自己做错了什么，很生气地跟他吵。不敲门就进我房间更是让我反感。是父母就可以不尊重别人吗？"

非请莫入

作为父母，应该理解孩子这个阶段的成长特点，尊重并允许孩子有自己的小秘密。秘密是孩子内心的一种宝贵体验。随着自我意识的逐渐觉醒，孩子不再满足于事事受父母的摆控。但大人的强大力量又让他们感到畏惧，于是秘密就成为孩子自我保护的一种方法。这样一种对自己内心世界独享的体验，会使孩子感到个体的存在感和价值感。

十二岁的杨乐这样说："父母把我看得太死了，别的同学都可以自由自在地玩耍，我却不能。偶尔偷偷溜出去玩一会儿，被他们发现后，就会挨批。我妈总是随便动我的东西，翻我的桌子，我很生气。"

父母们必须知道，在孩子成长的道路上，拥有秘密是他们迈向独立和成熟的必经之路，没有秘密的"水晶人"是永远长不大的。

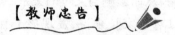
【教师忠告】

> 若要关注孩子心中的秘密，家长要采用恰当的方式。当发现一些不良因素时，可以通过举例、讲故事、做游戏等途径对孩子加以暗示和引导。如果孩子向你吐露秘密，也要记得保守好，这是他对你的信任，也关系着他的成长。

留意孩子说的话

每个人都渴望被尊重，孩子也是一样的。在与孩子交流的过程中，家长应尊重孩子独立的人格和自我意识，注意保护孩子的自尊心。只有掌握正确的沟通方法，并拿出细心和耐心，才能把握住孩子思想的脉搏，让孩子沿着正确的道路健康地成长。

我讨厌他们

十二岁的小丽是独生女，从小受到父母及长辈们的万般宠爱。由于小丽眼睛先天斜视，她的妈妈感到很愧疚，对小丽更给予了极大的怜爱，只要孩子有要求，都会无条件满足。在这样的情况下，小丽养成了任性、霸道、自私的性格，与人相处时也爱斤斤计较，一吃亏就大发脾气，在学校里和同学经常闹别扭，经常说："我讨厌他们！"

小丽发现自己没有霞霞长得漂亮，很多男孩子都爱跟霞霞玩。小丽感到很难过，觉得低人一等。慢慢产生了自卑心理，也不主动和别人玩，有同学叫她一块玩，小丽也不去。只是自己一个呆坐着，和同学之间的分歧也越来越大。

家长注意到这个问题后，要告诉小丽，在爸爸妈妈的眼里，她是最美的，使孩子脆弱敏感的神经变得坚强起来，并鼓励孩子积极参与到和同学的游戏中，帮助孩子转移注意力。

我本来就很笨

小学阶段的孩子，慢慢会在学习上遇到一些难题，当感到无法克服这些难题的时候，就会觉得自己笨。也有的孩子担心考试没有考好，害怕家长骂，就会说自己"太笨了，学不会"这样的话。

每个孩子在智力上的差距并没有那么大。作为家长，听到孩子说"我很笨"这样的话时，要理解孩子在自责的同时，内心实际上是感到很无助的。这个时候，家长要跟孩子好好沟通一下，并帮助他分析原因，慢慢找到解决问题的方法。哪怕孩子只取得了一点进步，作为家长，也一定要鼓励孩子，帮助孩子树立信心，勇于战胜困难。另外，还要注意孩子是不是足够努力，学不会的前提不排除有偷懒的可能，这都要求家长善于观察，与孩子一同进步。

弟弟长得比哥哥高了

十一岁的强强和十二岁的壮壮是一对表兄弟，每到假期他们都会被送到外婆家住一阵子。但这小哥俩也都有各自的伤心事：壮壮虽然是哥哥，可没有强强高；而强强调皮爱玩，学习成绩又没有壮壮好。在被外婆家的七大姑八大姨这么互相比对下，小哥俩心里都有个小疙瘩。壮壮觉得自卑，比弟弟大，却没有他高，于是使劲蹦使劲跳，心里难过得还偷偷哭过。强强的成绩和哥哥比差很多，总听见大人们夸哥哥，心里不服气，有时候会偷偷骂壮壮"小矮子"。

细心的父母其实已经体会到了两个孩子的自尊心都受到了伤害。亲戚们随口而说的话，对孩子造成了很大的伤害。他们不知道该怎么办。所以，在教育孩子这个问题上，父母除了自己做好之外，还要和亲戚朋友有一些沟通，创造一个良好的生活环境。当然，遇到这样的事，作为孩子的父母，要做孩子坚强的后盾，有效地用父母的体贴去化解孩子的苦恼，营造出充满爱意的温馨家庭环境。

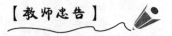
【教师忠告】

> 在与孩子沟通的问题上，可以说处处是学问。父母是孩子最亲近的人，也是孩子最信赖的人，通过听孩子说的话，常常可以知道他们有哪些困惑，往往这个时候，孩子最希望得到父母的理解与包容。

打开孩子的"话匣子"

家长与孩子进行沟通的时候，经常会遇到难以进行下去的情况。一般都是家长说的话，孩子一点都不感兴趣。家长这边刚开始说，孩子那边眉头就皱起来了。很多实质性的问题还没说，孩子就已经挡回去了。

对孩子的要求，父母也要做到

小学阶段是孩子自尊心和自我意识发展的重要阶段，但由于孩子年龄小，当他们的自尊心受到伤害时，很容易就会心门紧闭，拒绝与家长沟通。上小学四年级的小明曾在日记里这样写道："妈妈说吃饭的时候要把碗里的饭吃光，不能浪费。但我看爸爸总是不吃完，光明正大地剩饭。有的时候他喝汤只喝一半，另一半就直接倒在水池里了。为什么大人可以有特权，小孩就不行。所以，我每次吃饭也要剩一点，我要和爸爸一样有特权。"

营造平等的家庭氛围，就要求家长也要坚持同等的原则。约束孩子行为的同时，自己也要以身作则，不然对孩子没有说服力，还可能会导致孩子盲目地与家长作对。

要了解孩子喜欢什么

在幼儿园阶段，大多数孩子都是很依赖家长的，但到了小学阶段，孩子的注意力会从家长身上逐渐转移到同伴的身上。这个时候，如果家长说的话题不能引起孩子的兴趣，那孩子就会在心理上把家长分到与自己不同的

一类中，很明显，"代沟"就这样产生了。

"我妈每天只跟我说这几句话——快点起床，快点吃早餐，要迟到了，在学校好好学习，听老师的话，别捣乱，别看电视了，快去写作业。天天听她这几句，实在是烦，我也就'嗯''知道了'，简单地回应她一下。"三年级的鹏鹏这样形容着与妈妈的沟通。很多家长对孩子的千言万语只剩下了这几句——吃好穿好和好好学习，可谓枯燥乏味，缺乏内涵。孩子自然会觉得无趣，渐渐也就疏远了父母。

寻找孩子感兴趣的话题

可能是现在生活节奏加快，家长本身还有一大堆的烦心事，所以再额外去揣摩孩子的心理，就会觉得累上加累。但仔细想想，孩子的世界并不复杂，无非就是学校里的事、班里的事、学习上的事，还有家里的事。只要家长多费点心，孩子还是很好沟通的。

舟舟妈妈就是这样一位好榜样，她介绍说："平时和孩子聊天的时候，很少说关于学习的话题，因为现在几乎所有人都在关注孩子的学习，当然我也很关注，但还是尽量避开会给孩子增加压力的环节，经常和孩子说的是他感兴趣的话题。比如，听说你们班同学都很喜欢新来的宋老师；这次数学测验有道题，你们班大多数同学都没做上来是吗？类似这样，和孩子之间的沟通就慢慢顺畅了，孩子的情况我也能够比较了解。"

累了一天的家长，和在学校里学习了一天的孩子，晚上一家人团聚在一起，是非常幸福温馨的时刻。一家人可以聊一些有趣的话题，在相对轻松的情况下，通常孩子愿意说出自己在学校里遇到的事，或者是其他的事。家长一定不要马上把孩子支走，就像前面提到的——快去做作业。给孩子一个放松的过程，可以说，一定程度上也增加了与孩子沟通的机会。

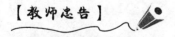

【教师忠告】

小学阶段的孩子有一个特点，就是听不进家长的话，家长同孩子说话好像是"对牛弹琴"。这时候，通过了解孩子喜欢什么、对什么感兴趣、爱问什么，慢慢就可以打开孩子的"话匣子"，既防止"代沟"产生，也了解了孩子的心理动向。

Part 3 爱上阅读，让孩子尽情畅游书海

　　法国著名的哲学家、数学家、物理学家笛卡尔曾说："读一本好书，就等于和一位高尚的人对话。"让阅读成为孩子的生活方式，这不仅有助于提高孩子的阅读能力，还能陶冶孩子的情操。书店、图书馆都是孩子们的好去处，报纸、杂志、课外书，只要想阅读，随时都能开始。阅读使孩子安静且专注，在无声中滋润孩子的心灵，在恬淡中享受美好的光阴。

阅读开启孩子的心·智

"读书对于智慧,就像体操对于身体一样。"著名科学家爱迪生的这句名言,应该是对读书最好的一个解读。在孩子众多的乐趣中,最重要的一个便是读书。所以培养孩子爱读书、读好书的习惯是至关重要的。孩子在阅读的同时,就好像是在补充心灵的维生素。

为什么要阅读

通过积极培养孩子的读书兴趣,可以把孩子引入一个神奇、美妙的图书世界,使他们的生活更加丰富。通过阅读,孩子可以从书中获得人生的经验。孩子从小热爱读书,会使孩子的未来更充满希望。爱读书的孩子往往具有更强的思考能力,对挫折有更强的承受能力,同时还会有更强的解决问题的能力。

最初学医的英国著名小说家毛姆,后来改为从事文学创作。他一生喜欢读书,并把读书看作是一种乐趣。每天凌晨,在开始工作之前,毛姆都要读一会儿书,多是哲学类的,这类书需要在注意力集中的时候阅读;在忙碌了一天之后,毛姆会读点历史、散文或人物传记类的书;夜晚,常常会读一些小说。按照自己的兴趣,毛姆觉得,自己同时读五六本书没问题。

在被问到为什么这样读书时,毛姆回答说:"我们每天无法保证不变的心情,就是在一天之内,对一本书也不见得会有同样的热情。在这种情况下,就不能不替自己想想。"

兴趣是最好的老师

波兰有个小姑娘,名叫玛妮雅,她读书非常专心,不管周围怎么吵闹,都分散不了她的注意力。有一次,玛妮雅在做功课,小伙伴们在她面前唱歌、跳舞、做游戏,玛妮雅就好似没看见一样,只是专心地读书。小伙伴们想试探一下,就在玛妮雅的背后悄悄搭了几把凳子,只要玛妮雅移动,凳子就会倒下来。时间一秒一秒地过去,玛妮雅读完了一本书,凳子还在那儿。从此,小伙伴们再不逗她了,并且像玛妮雅一样专心地读书。玛妮雅就是后来的居里夫人,是一位伟大的科学家。

在引导孩子读书的时候，家长不应向孩子灌输知识，而要帮助他汲取知识。使读书兴趣化，这是孩子主动读书的一个很重要的前提。大多数孩子都有这样的体会：做自己喜欢的事情，时间过得很快，轻松又快乐，精力也旺盛；反过来，做一件讨厌的事时，还没开始做，就已经厌倦疲劳了。所以，培养孩子读书的兴趣，才能事半功倍。

及时交流读书心得

书籍就像一块巨大的宝藏，等待着有心人的挖掘。读几本好书，可以开阔视野、丰富知识。年少读书，志在千里。所谓足不出户，便知天下事；读书百遍，其义自见，正是这个道理。

有位朋友这样讲述自己读书的经历："从小就爱读书，从最开始的图画书到百科全书，都是我的最爱。后来，书读得多了，慢慢悟出了很多做人的道理，更加懂得读书的重要性。读书丰富了我的人生，对我以后的事业也有很大帮助。"

对于小学阶段的孩子来说，要培养他们读书的兴趣，比较简单的方法就是交流。一位有多年教学经验的老教师说："通过交流可以激发孩子的阅读兴趣，缺少交流的阅读好似没有源头的小溪，注定会有干涸的一天。"

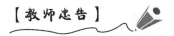

【教师忠告】

> 阅读是孩子实现梦想、获取人生经验的一种很好的途径。家长要鼓励孩子多读书，增长见闻，开阔视野，养成良好的阅读习惯，引导孩子爱护书籍，善于使用工具书，把零花钱用在买喜欢的书上。

阅读让孩子更出色

联合国教科文组织有一项调查显示：全世界每年阅读书籍最多的是犹太人，平均每人每年读六十四本。在中国的所有城市中，上海排名第一，只有八本。如果扣除教科书，对比中国的人口基数，可以说，在一年中，平均每人读书的数量连一本都不到。

开启智慧的钥匙

列夫·托尔斯泰说,理想的书籍是智慧的钥匙。学习语言的最佳途径便是大量的阅读。通过阅读大量优秀的文章,可以培养孩子良好的语感、理解能力,以及思维能力,到一定程度后,孩子很自然地就能流畅地进行口头或者书面表达和沟通。

另一方面,无论是学习人文科学还是自然科学,阅读也是一个很重要的途径。每个孩子都有很强的好奇心与求知欲,阅读是满足孩子这一天性的一个重要途径,除此之外,还有走进大自然以及动手实践。大量广泛的阅读,渐渐形成良好的思维方式以及阅读习惯,可以说,这个过程就是开启了智慧的大门。

阅读,润物细无声

父母将孩子引领上阅读之路,养成阅读的习惯后,他们就会主动地去找书、读书,有了问题就会慢慢自己去解决。孩子如果喜欢读书,体验到读书的乐趣,所谓重要的经典书,他总是会读到;相反,如果他不喜欢读书,重要或不重要的他都不会去读。

再有,从孩子学习知识的角度来看,阅读的重要性也是不可以替代的。对孩子来说,比学习知识更重要的,是对自身精神世界的探索。其中以文字形式流传下来的著作,本身就包容并超越了时代与民族的界限,是全人类宝贵的精神财富。当然,这些著作大部分都是针对大人的,但也有适合青少年阅读的。尽管在整个书籍的海洋中,其所占比重较小,但绝对数量也是非常大的,是一个人耗尽一生也读不完的。可能父母费尽口舌也解释不清的道理,书中的一段话或者一个故事,孩子就可以领会,或许就会反馈到他以后的行为中。这些宝贵的精神食粮,一定要利用好。

阅读让人生更精彩

作为人类社会的重要活动之一,阅读是人类特有的、最普遍、最持久的学习行为,是人类积累文化财富、获得知识并认识世界的基本途径之一。一个人的阅读能力,就是指读完一篇文章所应该具备的本领,这主要包括对文章的感知、理解和鉴赏等具体阅读活动,以及顺利完成阅读所需要的正常动机、兴趣、情感、意志及个性。

父母作为孩子的第一任老师，必须正确引导并培养孩子良好的阅读习惯。一个爱上读书的孩子，会有很多不同之处，这可以说是阅读给予他的额外馈赠——因为有书的相伴，无论走到哪里他都不会感到孤独，他的人生会比很多人精彩；因为阅读，他的思维受到了很多额外的训练；因为阅读，会使孩子具有儒雅的气质……可以说，热爱阅读，具有良好的阅读能力，是孩子积极学习的基础。

【教师忠告】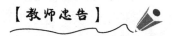

> 教育是一项长久的"慢活"，很多的功夫都体现在细节中。作为孩子教育环节中很重要的一环，家长要做好很多的工作。虽然说阅读对于孩子是很重要的，但并不是唯一的，要潜移默化，而不要强迫孩子。无论怎样，孩子身心健康的成长，才是最重要的。另外，不要把自己的孩子与别的孩子盲目攀比，每个孩子都是与众不同的，用他人的优点伤害自己的孩子是很不明智的。

课外阅读不可少

伟大的剧作家莎士比亚说："生活里没有书籍，就好像没有阳光；智慧里没有书籍，就好像鸟儿没有翅膀。"随着识字量的增加，孩子会慢慢把阅读文字作为获取信息的主要渠道。对于四五年级的孩子来说，阅读一些简单的人物传记是肯定没问题的。

与高尚的人对话

有很多家长常把教辅书认为是课外书，其实二者是有区别的：可以说，课外书要比教辅书的范围更广，是孩子课堂之外的一些读物，比如童话、小说等，多是与学习不相关的书籍；而教辅书基本上是与学习相关或者相配套的书籍。

在目前的升学压力和各种负重下，很多家长认为孩子课内的书都没读好，还读什么课外书，而且读课外书会转移注意力，不会对学习有大的帮助。正是这种应试教育下的传统观念，使得父母不是特别支持孩子读课外书。

然而，小学阶段可以说是孩子人生观、价值观及生活观形成的时期。一本充满了"真善美"的故事书，可以使孩子充满了对美好世界的向往；一本出色的探险故事，可以使孩子不畏艰险、勇于担当；一本优秀的名人传记，可以使孩子树立远大的理想。"读一本好书，就是和许多高尚的人谈话。"请记住笛卡尔的这句话。

课外书的选择

家长引导孩子读书是一项讲究技巧的工作。在帮孩子选择课外读物的时候，首先要考虑孩子的年龄及知识水平。三年级之前的孩子，由于认识的文字有限，他们的思维主要还是以具体形象思维为主，那么选择图文并茂的读物会更合适一些；而对于中高年级的孩子来说，他们的思维正从具体的形象思维向抽象逻辑思维过渡，因此，选择一些逻辑性、说理性较强的书籍会更妥当。

就阅读这个问题，我国伟大的文学家鲁迅先生曾说："只看一个人的著作，结果是不大好，因为你得不到多方面的优点。少年朋友读书，要像蜜蜂采蜜一样，只有采过很多花，才能酿出蜜来，倘若只叮在一处，所收获的就非常有限，会比较枯燥。"他还说："只看文学书也是不好的，那样会变成连常识也没有的糊涂虫，那样文学也弄不明白，自己做文章也糊涂。"

与孩子一起阅读

读书是一种习惯，也是一种生活。家长朋友应该重视孩子的读书生活，努力为他们创造更多的条件。小军的妈妈这么说："孩子上四年级了，开始也是不喜欢读书。我一般是在每天晚饭后或者送他上学时，给他讲一些名著中的故事，讲到最精彩处就会暂停，然后让他自己去读下面的情节。就是这样，慢慢培养起来了孩子读书的兴趣。"

我们再来看看一个孩子自己写的读书体验："那天自己去书店，我一个书架又一个书架地转，终于找到了几本写校园生活的书。于是，我坐在地上，靠着书架，如饥似渴地读起来……书里的故事情节实在太好了，有的很感人、有的很搞笑，它们好像磁铁一样把我深深地吸引住了。时间过得可真快，我在书店里已经读完了好几本书，真开心。"

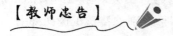

【教师忠告】

读书的好处很多，不仅让孩子学到很多课本上学不到的知识，而且能够开阔他们的眼界，在了解外面世界的同时，还能使孩子受到更多的教育。再有，读书可以愉悦孩子的身心，使他们的课外生活更加丰富。

为孩子挑选有营养的书籍

家长关心孩子，首先要从孩子的个性和需要来考虑，而不是从自己的立场出发。有很多家长，经常给孩子买大量的辅导书，而没有重视孩子在精神及人格上的培养。科学文化知识固然重要，但课本上的知识是很有限的，学习知识并不意味着孩子要完全埋头于课本和教辅资料。

选书原则要明了

处于小学阶段的孩子，可供选择的书籍类型可谓丰富多彩，数量也是非常庞大的，另外，还存在从图画书向文字书过渡的问题，所以家长在选择的时候，要花些心思。但有一个前提必须保证，那就是所选书籍里的文字，必须清晰流畅。

要为孩子挑选好书，首先家长就要提升对书籍的鉴赏能力。可能这么一说，有的家长就非常头疼，对这方面没有研究。这也没关系，现在的信息渠道非常发达，只要留心一下，就可以通过网络、媒体、讲座，以及亲友介绍等方式，获取各种书籍的信息和他人的经验，再有就是通过实践来积累为孩子选书的经验。

还有一个方法是带孩子到书店或者售书区去挑选。当孩子与家长的选择产生矛盾的时候，在没有色情和暴力情节的情况下，家长可以尊重孩子的选择,从孩子的立场出发。

经典作品潜力足

面对如此庞大的图书选择量,如果家长们没有把握,可以考虑给孩子选择些经典著作。因为经典著作都是人类千百年来智慧的结晶。阅读经典著作,有助于孩子拥有良好的人文素养,体味人生,辨别善恶,区别正义与非正义,使得孩子拥有强大的、积极的精神力量。

正如意大利作家卡尔维诺所说,经典就是永远保持独特、意想不到和新颖的书,从来不会耗尽他要向读者说的一切东西的书。在卡尔维诺的一篇文章中,他列举了十四条关于经典的定义,通过"重读"和"初读"的经验告诉人们,经典作品就好像是每次重读都像是第一次读,而第一次读的时候又好像是在重读的书。他这样写道:"经典作品带着先前解释的气息走向我们,背后拖着它们经过的文化时代留下的足迹。"也就是说,经典载有历史文化的内涵,但经典的价值又超越了文字本身。经典能够唤起孩子对过去的感受力,作为一个知识背景,又带领孩子上升到一个认识和创造的高度。

尊重孩子效果好

我国唐代著名诗人韩愈曾说:"书山有路勤为径,学海无涯苦作舟。"若要问读书有没有捷径,那么不管问多少人,得到的答案都是一样的:不在于孩子是否聪明,而在于孩子是否勤奋。只要家长引导到位,孩子就会有时间读书,就会有心情读书,同时也会找到应该读的书。在这种情况下,家庭教育就会进入到良性的循环中。

家长帮助孩子筛选所读的书籍,这对孩子的成长是十分有利的。但有一点必须注意:虽然家长有自己的理解,但不能完全代替孩子进行选择。有这样一个故事,一位三年级学生的母亲带孩子在书店里选书,女儿挑好了一些书,妈妈说:"买这个干什么? 我让你买的练习册,你买了吗?"女儿说:"我觉得那没什么用,老师说做好作业就行了。"这时候,妈妈就严厉地对女儿进行了一番说教。最后,女儿哭着说:"我不买了,你想买练习册就买吧,随便吧。"

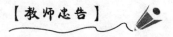

【教师忠告】

> 给孩子挑选"有营养"的图书是家庭教育很重要的一个方面。教育学家认为：那些与孩子年龄、兴趣以及能力相适宜的图书，就是孩子需要的。另外，家长要同孩子一起阅读，大部分孩子在十二岁以前的倾听理解能力比阅读能力要强。所以对于孩子来说，由家长为他们念书比让他们独立阅读收益更大。

爱上读书天地宽

如果问，一生只能选一个礼物给孩子，你会送什么？对这个问题，台湾著名文化人龙应台回答说："我觉得做父母送给孩子最好的礼物，就是让他成为一个喜欢阅读的人，因为阅读可以陪伴孩子一辈子！"

书甜如蜜分享乐

世界上最爱读书的不能不说是犹太人了，有这样一句话："智慧掌握在犹太人的脑子里。"据说，在每个犹太人的家庭里，孩子出生不久，母亲就会给他读《圣经》。每读一段，就让孩子舔一下蜂蜜。当小孩子稍微大一点，母亲就会取出《圣经》，滴一点蜂蜜在上面，然后叫小孩去舔《圣经》上的蜂蜜。这样做的目的，就是让孩子明白：书甜如蜜。读书就好像是蜜蜂采集香甜可口的蜜一样。

我们看到很多孩子不愿读书，讨厌读书。在这些孩子看来，读书是一件枯燥的事，他们的业余时间多用来玩电子游戏或者看电视，实在无心阅读。这些孩子就是没有感受到如蜜的读书乐趣。作为家长，应该帮助孩子养成爱读书的好习惯。当孩子在认真读书的时候，最好不要去打搅他，也不要由着自己的喜好去干涉。孩子沉浸在读书的乐趣中时，家长只要懂得与孩子分享这种乐趣即可。另外，当孩子兴高采烈地讲述阅读所收获的快乐时，家长一定要表现得和孩子一样开心，分享孩子的读书成果，这会让他更有成就感，从而拥有更浓厚的读书兴趣。

惬意读书趣味多

在轻松的气氛下，家长可以安排一小段与孩子共同读书的时间。在外出游玩的时候，带上一两本书，地点可以是公园、河边、郊外；时间可以是清新的早上、鸟语花香的午后，或者是布满星星的夜晚。在这样优美的环境里，与孩子一起阅读一本书是多么美好的体验。可以是朗读，也可以是互相交谈；可以学主持人朗诵，也可以学老师或者学某个调皮的同学读课文……在这样欢快温馨的气氛中，就会将读书的乐趣自然而然地播种到孩子心灵的土壤。从此，读书不再是苦差，而是一项非常有趣的娱乐活动。

古人云："世间唯有读书好。"说的正是轻松悠然的读书生活。十二岁的红红，前不久和爸爸妈妈一起去参加了一个读诗会。那是一个丁香盛开的时节，很多来自不同地区的人聚集在一起，你读一段，我读一段；或者你读一首，我读一首。红红感到新奇极了，还和爸爸妈妈一起读了一首诗。说来也怪，之前难背的唐诗宋词，如今都成了红红表演的节目。

贵在坚持收获丰

读书不是一朝一夕，而是一个长期的过程。让阅读成为生活方式，三天打鱼两天晒网是不行的。家长可以跟孩子商量一个读书计划，并做出一个时间表，让孩子有计划地读书。每天哪怕只有十分钟，那也不要紧，只要肯坚持，就会收获丰硕的果实。相比于孩子课内的功课，这样的阅读就像是一份甜点。它为孩子打开了另一扇窗，有助于转换思维，使大脑有短暂的休息时间，是个不可多得的好途径。

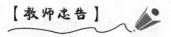

【教师忠告】

> 爱上读书的过程，关键有个"读"字，读出文字中的趣味，读出字里行间传达的思想，读出孩子自己的人生。

书香氛围面面观

家长为孩子创造什么样的氛围，孩子可能就会喜欢上什么。比如，家里有良好的阅读氛围，孩子就可能喜欢上阅读；如果家中总是充斥着看电视的氛围，孩子就会喜欢上看电视。对于阅读，家长要做的就是让孩子有书读，让孩子读到书。"有书读"，就是家里有孩子适合阅读的书；"读到书"，就是让孩子能接触到书。

用书籍装饰房间

有人说，从一个人家里有没有书柜、书柜有多大，可以看出这个人的品位。同样，从家里床头、茶几是否有随手可取的书本，也能够看出孩子能够受到多少书香的熏陶。对家长来说，孩子自然而然产生对阅读的兴趣，这是最快乐不过的事情。这要比把书硬塞进孩子的手里，不知好多少倍。所以，通过创设便利且愉悦的阅读环境，家长朋友就可以对孩子做出积极的暗示，引导孩子自然、自觉、自主地阅读。

在家中，可以为孩子布置一个温馨、洁净、明亮的阅读角，书本散布四隅，让孩子乐于待在那里。孩子有独立房间的话，用书籍装饰一下就可以了。毕竟孩子在自己的房间待的时间最长，想读书的时候，随手可以拿到；累了随手翻一本，短暂休息一会儿；遇到难题时，随手可以找到书；睡觉前，随便翻几页……长此以往，孩子就会习惯性地去翻书。用图书装饰孩子的房间，在营造出浓厚读书氛围的同时，也可以防止孩子学习时注意力的分散。

父母要做好榜样

作为与孩子接触最多、也最亲近的人，父母对孩子的影响可以说是非常大的。要引导孩子读书，首先父母就要以身作则。常看到很多爸爸不是在牌桌上就是在酒桌上，妈妈们大都爱看电视或者是闲聊、逛街，对于孩子的学习，不过是说一句："去写作业。"也有的父母以为给孩子买了几本课外书、一张书桌，就算是为孩子创造良好的学习环境了。当然，这种方法也会有它的作用，但如果孩子看到父母在认真地读书，他的好奇心就会被调动起来，

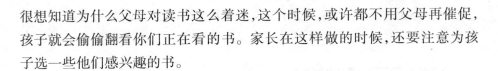
很想知道为什么父母对读书这么着迷，这个时候，或许都不用父母再催促，孩子就会偷偷翻看你们正在看的书。家长在这样做的时候，还要注意为孩子选一些他们感兴趣的书。

🗂 温馨阅读暖心田

现今已经工作的阿辉，在讲到小时候的阅读经历时，可谓是感叹颇深。带着对童年的回忆，阿辉这样讲着："上小学的时候，爸妈各自都很忙，没有时间管我。我们家有很多书，医学、植物、科学、历史……各方面都有。我每天放学回来，就跑到大书房写作业。大书房是我和爸妈共用的，我自己还有个小书房。我之所以去大书房，是因为从窗口可以看到爸爸妈妈回来，通常他们会给我带些小东西，比如一支自动铅笔什么的。小书房有很多我的玩具，火车模型、飞机模型什么的，非常丰富。小书房里的书大部分是我自己买的，我每月都有十元钱的购书费，超出预算的就从我的压岁钱存款里补充。父母经常让我给他们讲书里写了什么，有时候我们会一起乐得前仰后合。每天晚饭后，是我们一家共同阅读的时间，爸爸有时会看报纸，妈妈看小说，我也学他们东看西看。那时候，家里很安静，各自翻书的声音和我写字的沙沙声听得一清二楚。现在想起这些，心里感到无比温暖、踏实。"

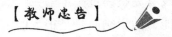

【教师忠告】

> 创建学习型家庭，首先应该创建阅读型家庭。家长可以引导孩子在学中玩，培养孩子的读书兴趣（实施一些小小的奖励，比如小红花等）。另外，作为孩子的首要模仿对象，家长也要多拿起书本，既提高自己，也为孩子做好榜样。

读书要去除功利化色彩

有资料显示，我国每年人均书报消费的纸张，不及美国的十分之一；购书开支更是少得可怜，人均消费图书不到一本……在这样的现状下，更让人担忧的是，目前国人的阅读急功近利，功利化色彩十分浓重，从一定意义上说，这种读书方式已经不是阅读。

不要让孩子孤独地长大

调查显示，小学生在完成作业后，只有不到一半的人还会继续阅读课外书，他们主要阅读的是作文书、教辅书和课本。王冉已经读高一了，在她的记忆里，从头到尾认认真真读过的课外书，也就是小学三四年级时读的《安徒生童话》和《格林童话》了。到五六年级，就开始忙着上各种补习班，根本没有时间看课外书。后来有了手机，就在网上看书。

王冉的故事不能不说是现在大多数孩子阅读状况的真实写照。在被各种辅导班和应试训练占去了大部分的课余时间的同时，很多孩子还要抽空上各种特长班，比如钢琴班、舞蹈班、画画班、声乐班，等等。应该说现在的孩子都是很多才多艺的，作为家长，对此也感到非常欣慰。但也应该看到负重下的孩子是很疲惫的。在应试及各种单一技能的不断提高中，家长不能忽视孩子心灵的成长，否则孩子只是在孤独地长大。

去功利化，还给孩子一片天

有学者强调，如果一个孩子在四年级前没有完整读过一本书，那就有可能缺乏读完整本书的能力。重要的是，这种能力的影响面是是很大的，它会影响到孩子对整体事物的把握能力。可以说，完整阅读图书的能力，也是孩子长大后对整体局面的操控能力。

其实，多数家长并不反对孩子阅读，相反，也认识到读书对一个人发展的重要性。比如孩子喜欢看故事书和小说，而家长希望孩子看励志书和作文书。有调查显示，大多数家长带孩子去书店只买与学习有关的教辅书。这种带有功利色彩的做法，可以说，剥夺了孩子的阅读乐趣。有教育专家强调，就是孩子非常喜欢的图书，如果家长宣称读了它能够提高成绩，那孩子对它的兴趣瞬间也会大打折扣。其实，当孩子自由阅读并喜欢上读书之后，他的写作能力自然就会提高。所以，家长要避免过多强调立竿见影的效果。

功利读书等于拔苗助长

从事文字工作的张先生，一直为孩子爱看"闲书"而抱怨："让他看经典著作他不看，就光看那些乱七八糟的小说，真不知有什么用。"作为家长，对

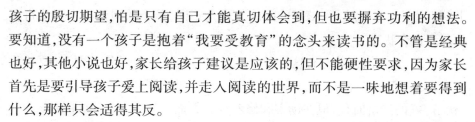

孩子的殷切期望，怕是只有自己才能真切体会到，但也要摒弃功利的想法。要知道，没有一个孩子是抱着"我要受教育"的念头来读书的。不管是经典也好，其他小说也好，家长给孩子建议是应该的，但不能硬性要求，因为家长首先是要引导孩子爱上阅读，并走入阅读的世界，而不是一味地想着要得到什么，那样只会适得其反。

再有，如果家长朋友一开始就把一些枯燥并承载着自己期望的书给孩子看，那样会使孩子对阅读产生畏惧感，可能更加远离阅读。在引导孩子爱上阅读的路上，更要重视孩子人格的成长，以及情感世界的构建。一味地让孩子遵从家长的意愿，会使孩子产生逆反心理，可能会导致孩子的学习障碍。读书应该尽可能宽泛一些，只要是思想健康的书籍，就不要对孩子有硬性的约束。

【教师忠告】

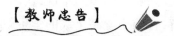

> 去掉功利，让孩子尽情地享受读书的乐趣吧。阅读不能只是为了写作文、拿高分这样的短期目标，更重要的是通过阅读滋养孩子的心灵，丰富孩子的生命，提升孩子的涵养。所以说，阅读是一个日积月累、厚积薄发的过程。

沉下心去读一本书

面对网络时代带来的阅读的变化，我国著名作家王蒙先生曾提到："在阅读变得过分轻松、方便的同时，也要尽可能专心致志地读一些费一点劲儿的书。"因为这不会使人产生思维惰性，不会让人丧失系统思考和判断的能力，从而抑制浮躁心态的形成。

慢阅读得以舒展心灵

孩子的阅读行为，需要家长的引导，不能完全地放任自流，要有所安排，有所倡导，有所约束，甚至有所制止：有些书值得读，有些书则要少读，有些书就不能读。相比之下，孩子的阅读与成人不同，孩子的阅读是为了从自在状态到自为状态。

现在，大众阅读普遍有这样一个误区，那便是：不管看什么书，都要速战速决；无论哪类书，都是浅尝辄止，不钻研内涵也不求甚解。虽然现在是个"快节奏"的经济时代，但在读书和修养身心方面，是实在没法讲求速度和效益的，它需要的是慢节奏、慢情调。

在指导孩子读书时，应该用慢阅读的方式去读书，并注重孩子的心灵和图书的微妙互动，培养孩子恬淡闲适、质疑探索、自由发展的阅读风格，从文字中寻觅高品质的乐趣与意义。

扭曲阅读让人忧

五年级学生慧慧说，她最喜欢读的就是校园和玄幻类的小说，这两大类图书榜单排名前十的作品都读完了。据了解，目前小学高年级的学生，主要的阅读渠道是课堂和手机，慧慧说的就是网络小说，相对于枯燥的课文来讲，网络小说比较有趣。

同时，由于课业负担，以及补习班这些事情，使得小学生的阅读成效一降再降，对培养阅读习惯和兴趣是很大的考验，更不要说深入地阅读了。浅阅读和娱乐化阅读是青少年在阅读中存在的最大问题。在当今的信息时代，生活节奏的加快，使得阅读也变得快速起来，搜索式阅读、标题式阅读、跳跃式阅读，这样以"浏览式"为特征的读书形式呈现出浅显化的特点。这对于智力和思维能力都处于发展阶段的小学生来说，影响应该说是弊大于利。所以要尽量避免这种阅读方式。

专心阅读有益成长

有孩子说："网络上什么都有，敲敲键盘、点点鼠标，想看什么都行。还可以下载电子书，一边坐车一边阅读。"作为新时代的小学生，必然会带着这个时代的特点，但真正的阅读，不光是带来娱乐，还应该带来思考的。这就需要安静下来，专心地读书，真正走进书中文字所构成的思想中。在引导孩子读书时，家长朋友要让孩子懂得沉下心来阅读，不能只满足于浏览式阅读，另外要循序渐进地提高阅读难度，不能只读娱乐类书籍。

肤浅的阅读看起来有益，好像可以用更短的时间获取更大的信息量，但实际上它让人缺乏深入的、系统的思考。浅阅读不能带给人深入的思考，读

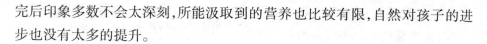

完后印象多数不会太深刻,所能汲取到的营养也比较有限,自然对孩子的进步也没有太多的提升。

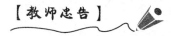
【教师忠告】

> 　　阅读从来不能只停留在字里行间的表面,必须探索更深层的东西,就好像登山一样,需要人不断地攀登,这也是沉下心去读一本书所能获得的无与伦比的阅读体验。人们常说把书读薄了,这个"薄"不是书的厚度产生了变化,而是相对阅读者来说的——在逐渐吸收了书中的营养之后,书变"薄"了。这或许就是阅读所带给人的无穷回味的乐趣。

大报纸小杂志的孩子情怀

　　二十世纪法国著名哲学家萨特曾说:"报纸和太阳一样,它们共同的使命就是给人带来光明。"报纸作为重要的精神文化食粮,对小学生的身心发展会有怎样的影响?父母该怎样让孩子喜欢并学会看报呢?

孩子了解新鲜资讯的平台

　　佳佳妈妈很欣慰地讲着佳佳的故事:"佳佳在小学的时候,就养成了读报的习惯。从最初阅读同龄小朋友的作文,到关注时政新闻,佳佳的阅读面在一点点扩大,也在逐渐了解这个世界。和小朋友一块儿玩耍的时候,佳佳总会成为焦点,因为她经常把从报纸上看到的东西讲给小伙伴听。看报纸并没有影响孩子的功课,相反,孩子还学会了如何观察周围的事物。"

　　读报和读书的本质是相同的,就好像经线和纬线一样,互相配合,帮助孩子全面发展。报纸上的消息多是当下社会的新闻、趣事、评论等,这是孩子了解社会、认识民情的十分有益的途径。在培养孩子读报兴趣的过程中,父母还是要采取引导的方式,切不可强制。可以将报纸放在茶几、沙发等孩子会注意到的地方,在孩子随手翻阅的时候,可以同孩子对感兴趣的话题进行探讨,逐渐培养孩子读报的好习惯。

传递着友谊和快乐

有人说,报纸是大众的老师。成成爸爸说:"每天让孩子读读报纸是很有必要的。我们家一直订着两份报纸,儿子慢慢识字后,就会在报纸上指出自己认识的字。这个时候,就会让他数数总共认识多少字。随着识字数量的增多,成成就开始读报纸上的内容了。我和成成妈看在眼里,乐在心里,孩子没有让我们操太多的心。一份报纸,一家人各取所需,最先吸引孩子的是报纸上的漫画和小笑话,还有小游戏。从这些开始到阅读发生在身边的小故事,成成逐渐养成了看报的习惯。后来,成成自己还订了一份喜欢看的报纸。有的小朋友来家里玩,成成也拿给别人看。通过看报纸,既扩大了孩子的阅读面,还建立了与他人的友谊,这是我们做父母的没有想到的。在学校里,成成表现也不错,比较有自信,我想这些都是成成从读报中收获的。"

打开杂志天地间

与报纸、书籍相比,杂志有着不可替代的优势。最开始的时候,杂志和报纸的形式差不多,很容易弄混。后来,报纸主要是报道有时效性的新闻,杂志刊登小说、游记,以及娱乐性的文章。在内容上,报纸和杂志的区别也越来越明显。报纸的版面越来越大,内容越来越丰富,而杂志则越来越"小",有点类似书的形式。但相对书籍来说,杂志的互动性更强一些,有的会设有小读者信箱,交流各种心得、学习上遇到的问题,等等。有的杂志还会开辟讨论专栏,促进小读者进行思考。很多杂志还会举办有奖征文活动,对于动手能力比较强的孩子,进行恰当的引导,激发孩子的小发明小创造才能。

适合小学生阅读的杂志有很多,家长朋友可以适当地为孩子挑选,也可以多带孩子去书店、少年儿童图书馆等地,由孩子自己购买或者借阅喜欢的杂志。十岁的丁丁就是一个杂志小行家,经常参与杂志社组织的活动,结识了很多有相同爱好的小朋友。

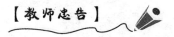

【教师忠告】

> 家长要让孩子知道获得知识的途径还有报纸和杂志,并体味阅读报纸和杂志的乐趣,丰富视野、增长见识、了解时事。作为社会大家庭中重要的一个团体,小学生有必要通过阅读报纸和杂志获得对社会的认识,形成与社会的良性互动。

书店里的孩子

带孩子走进书店,让他感受书籍的魅力:熙熙攘攘的人来回穿行在书架中;琳琅满目的书以不同姿态呈现在眼前;可以站着看书,也可以坐在地上;可以买,也可以不买。同时,通过在书店的观察,孩子会懂得遵守社会秩序和具备良好的约束力。

骑着自行车到书店玩儿

在闲暇的时间,大多数人总会去书店转转。在来往穿梭的购书人中,沉浸在书海中的孩子构成了最让人感动的风景。他们有的坐着,有的站着,有的蹲着。有几个孩子一起来的,他们在讨论着这本书好还是另一本好。一般来说,书店的购书环境都非常好,虽然免不了嘈杂,但当沉浸到喜欢的书中时,孩子们还是很忘我的。基于此,为了多看会儿书,孩子们都会带着水,有的还会带着吃的。

六年级的贝贝每周都会来一次书店,最喜欢的书放在哪儿,他都如数家珍,书店就好像自己的书房一样。他说,周末写完作业,就会骑着自行车到书店玩儿。这里的书多,有很多自己喜欢的。"我很熟悉这里,很小的时候就和爸爸妈妈来,以前喜欢看带图的书,现在更喜欢看有哲理的书。"贝贝还风趣地说:"我就是在书店长大的。"贝贝的故事很让人开心,像这样的"小书虫"有很多。每到周末或者假期,到书店看书、选书的孩子会更多,那里是孩子们汲取知识的乐园。

流连忘返不愿走

琪琪是个淘气的小男孩，正在读二年级。虽然琪琪淘气，但到了书店就会安静下来，每次都抢着帮爸爸拉购书车。在家，琪琪有很多课外书。但很显然，书店里的书会更多一些。有的时候，琪琪会突然拿出一本书，然后父子俩都乐了。原来，这本书琪琪有。所以，琪琪的兴趣点有了小小的变化，家里有的书，在书店里看到了还是要看一下，看看是不是和家里的完全一样。家长要注意，这个时候孩子的注意力很高，非常认真，思绪在飞速地运转着。就在这样的发现与比较中，孩子对阅读有了更深的感触。同时，美好的书店时光也在不知不觉中过去了好久。

书店的图书种类齐全，周围来来往往的人也都在认真地选书、看书，对于孩子来说，这是一种很大的感染力。和家长一起逛书店的小学生，有时候因为没有看完一本书，家长只好等着他看完。

在书里找到自己的世界

相对来说，读书是非常好的一项课外活动。读书的时候，孩子的注意力和记忆力被充分地调动起来了。同时，孩子的想象力和思维力也得到了锻炼。小学生的自我意识还不是很强，读书的习惯还要靠父母的引导，养成读书的好习惯，会使孩子受益终生。

有些家长带孩子到书店后，就直奔教辅区，三下五去二选好了书，然后就离开了。除此之外，再没有去书店的理由。这种做法不可取。一般而言，带孩子去书店不一定非要买书。所谓师傅领进门，修行在个人。带孩子去书店，主要是让孩子感受那样一个书的世界，有那么多人喜欢书，从书里可以找到自己的世界。

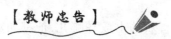

【教师忠告】

书店里陈列的书都是新书，所以孩子们在书店看书的时候，要懂得爱护书籍，和爱惜自己的书一样，轻拿轻放，小心翻阅。对于家长来说，这也是让孩子懂得尊重他人劳动成果、爱惜公物的一个过程，同时也是对孩子进行道德教育的契机。

图书馆,天堂的模样

阿根廷著名小说家博尔赫斯有句著名的话:"我心里一直在暗暗设想,天堂应该是图书馆的模样。"在他的著作里,这位老人像在对谁诉说:"图书馆是无限的,周而复始的。假如一个永恒的旅人从任何方向穿过去,几个世纪后他将发现同样的书籍会以同样的无序进行重复(重复后就变成了有序:宇宙秩序)。有了那个美好的希望,我的孤寂就得到了一点安慰。"

那里的空气很特别

似乎是命运的讽刺与嘲弄,在担任阿根廷国家图书馆馆长后不久,博尔赫斯就双目失明了。他拥有了近百万册的图书,却失去了视力。然而,这个酷爱图书的老人却比大多数人更充分地拥有图书馆。他的一个朋友回忆道:"他能打开一本书,翻到他要找的那一页,不必费神去念就能引用整段整段的文字。他顺着摆满书的走廊散步,敏捷地在转角处拐弯……在书的海洋里他一点也不迷惘。"

走进智慧的殿堂

图书馆承载着人类文化的信息,一开始带孩子去的时候,主要还是以感受阅读环境与气氛为主,并不一定指望孩子从中学到多少知识。图书馆是个安静并且有读书氛围的场所,孩子很容易受他人感染,能够静下心好好读书。

对于小学生来说,可以看的课外书很多,可家长不可能把它们全部买下。相对来说,图书馆里的书包罗万象,看一两个月就还回去,不会存在浪费的问题,图书也更新得快,是个不错的选择。

在西方国家,孩子很小的时候,就懂得要自己从书中寻找答案。老师布置了作业,孩子要到图书馆自己去找资料,然后写出自己的认识和看法等。所以,让孩子走进图书馆,是培养孩子自主学习的开始。

不可或缺的好伙伴

我国伟大领袖毛泽东在青年时代就和图书馆结下了"良缘"。每天吃完早饭，毛泽东就匆匆忙忙赶到图书馆，常常是第一个进馆，又是最后一个离开，日复一日从不间断。在隆冬时节，看书坐久了，脚冻得发疼，他只是活动活动双脚，全部精力仍然集中在书本上。到北京后，在李大钊的帮助下，他在北京大学图书馆做图书管理员，更加如饥似渴地读书。

十八世纪美国政治家本杰明·富兰克林小时候曾组织过勤读会，并参与借书管理工作，后来，他促成了美国第一所公共图书馆的诞生，并亲自主持馆务。

通过上面两个小故事，我们感受到图书馆特有的魅力。从小接触图书馆，将潜移默化地让孩子慢慢开启一扇门，一扇与未来沟通的大门。在孩子的成长路上，图书馆应该是他不可或缺的好伙伴。

【教师忠告】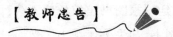

　　图书馆并不是高不可攀的地方，而是我们应该去亲近的场所。到图书馆看书，应该成为孩子们的一种生活方式，一种除了课业负担、补习班、特长班之外的自由的生活方式。没有任何负担的阅读才是更靠近心灵的。

Part 4 学习方法，会学比学会更重要

学习是一件非常快乐的事，如果孩子没有感到快乐，那么说明没有掌握方法。学习本身并不苦，苦的是缺乏合理的计划；学习本身并不难，难的是缺乏学好的信心。增强记忆，能开启孩子学习的积极性；做好预习，能打开孩子自学的大门；及时复习，能查漏补缺。让孩子在实践中去感受更多学习的乐趣，打开孩子的思维，就会让孩子掌握学习的法宝。

小学生学习有路可循

关于小学阶段的学习特点，一位经验丰富的老教师提出了这样的观点：如果把孩子的一生比作一幢高楼大厦的话，那么小学阶段的学习就好比是在打这幢大厦的地基。地基打不牢，孩子整个的人生就很容易沦为"豆腐渣工程"。

🌀 学习生涯的初始阶段

美美的父亲焦急地问："这孩子小学时成绩挺好的，怎么到初中就跟不上了？初中的功课真的那么难吗？"经过了解，美美学习确实很用功，但属于"死用功"，不懂得运用技巧。这表现在上课的时候，美美把主要的注意力用在了抄课堂笔记上，而没有认真领会老师所讲的内容。这在小学阶段还不明显，因为功课相对比较简单，不管是"巧方法"还是"笨方法"，只要肯用功，孩子一般都能取得好成绩。但到了初中，问题就暴露出来了。

可以说，小学阶段是孩子整个学习生涯的初始阶段。在这个时期，家长要帮助孩子找到科学的、讲究技巧的学习方法。

🌀 逐渐进步的小学六年

小学的学习生涯总共有六年，大致可以分为三个阶段，可以说每个阶段的任务都不同。家长要帮助孩子完成该年级阶段的主要任务。一、二年级的孩子，对学习的认识几乎是一片空白，这一阶段主要是让孩子正确认识学习，并对学习产生兴趣，也就是让孩子"爱上学习"，将学习融入各种游戏中，以及采用多样化的学习方式，使孩子感觉到学习的乐趣。到孩子读三、四年级的时候，要引导孩子掌握科学的学习方法，即"学会学习"，要培养孩子复习、预习的好习惯。三、四年级的孩子基本上都已经摸到了学习的"门道"，上课时不再坐不住，下课也会主动完成作业，但由于三、四年级所要掌握的知识量明显增加，并且知识有了一定的难度，所以要让孩子懂得预习和复习。五、六年级要使孩子对学习充满信心，感到"越学越有劲"。有位妈妈说，孩子每天单调的学习会比较枯燥，通常我会真诚地向孩子请教一些历史、地理方面的知识，让他准备一段时间后讲给我听，让他过过"博学多才"

的瘾。

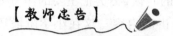 小学学习的几个关键期

对孩子的整个学习生涯来说，小学六年，每一年都很重要。但其中有几个关键期值得注意，分别是一年级、三年级、四年级和高年级。

一年级是"幼小衔接"的关键期，家长的主要任务是帮助孩子尽快适应小学生活；三年级是孩子小升初的提前准备期，要想进入重点初中，孩子要具备很多的"资历"，这些都要从三年级就开始做好准备；四年级是孩子学习成绩的转折期，家长应该激发起孩子学习的自信心；小学高年级是孩子即将进入中学的准备期，家长要有意识地培养孩子的自学能力，以及找出问题、把握重点的能力，家长可以通过让孩子讲讲将要学到的新知识的方法来引导。

【教师忠告】

> 小学是孩子学习生涯的起步阶段，起步开始得好，后面的路就会走得比较顺。孩子学习中的各种习惯，大都是在学习的初级阶段形成的。如果家长发现孩子的学习方法有不妥当的地方，要对孩子进行指正，必要的话可以和老师进行一些沟通。

快乐学习很简单

小学阶段没有真正的学习落后，成绩也并不能说明太多问题，在一、二年级更是如此。就算每次孩子考试都得第一，但如果他不喜欢学习，那他将来对学习的态度也不会太积极；相反，如果孩子现在的成绩一般，但他每天都很快乐，不觉得学习是负担，那么他会以一种积极的态度面对学习，以后可能会做得更优秀。

 学习真好玩

初入小学，孩子对校园生活充满了新鲜感，在学校会发现很多与以往不同的快乐。通常情况下，爸爸妈妈总是喜欢问"今天在学校学了什么，学会了吗"之类的。其实，这个问题就很容易使孩子产生厌烦心理。因为刚入学校，孩子还不太适应，一节一节上课，而且不能随意说话，比较受拘束，如果问他"你今天在学校有什么开心事吗"，这样孩子就会想很多快乐的事，在学习中也会主动地记下有趣的部分。

就说所有孩子都要面临的"识字关"，如果不只简单地教孩子笔画、读音，而是讲一些有趣的故事，那结果会非常不一样。比如"碧"字，可以教孩子这样认："王大娘、白大娘，一起坐在石头上"；再比如"坐"字，可以这样教孩子认：两个"人"字在一个"土"字上就组成了"坐"字……总之，多采用这种有趣故事、谜语，以及悬念的形式教给孩子，就会让他们觉得学习是很好玩的一件事。

学习并不苦

二年级的文文很感慨地说："学习可真苦，且不说'勤学苦练''刻苦学习'这样的苦成语，就是总感到熬不到头。"面对文文痛苦的样子，我便问她："你来说说，学习到底'苦'在哪里？"于是文文开始诉苦："一年级，我不喜欢语文课，因为我拼音学得不好。到了二年级，好不容易没有拼音了，可新的问题又出现了，要用拼音查字典。数学也是，一年级的时候，我口算慢。到二年级，倒是没有口算了，可是有了加法题、减法题、运算题。比起其他同学，我还是慢很多。"

文文的情况就是一环没跟上，后面环环出问题。这也说明了小学是学习生涯的基础期，因为小学的知识有很强的连贯性。要想使孩子的学习道路一帆风顺，要让孩子正确看待学习，家长朋友就要及时帮助孩子解决学习中遇到的困难。不然，在困难重重的阻挡下，孩子就会觉得学习很苦。

学习成就真不少

帮助孩子感受学习的快乐，有一个好办法就是让孩子获得成就感。在孩子所处的班级这个小环境中，其实也充满了竞争，比如小娟比小雪多得了一个小红花，小明比小军力气大。对于孩子的学习也是如此，一味地与同学

相比，孩子会越来越觉得自己差劲，甚至灰心丧气。这时如果家长再火上浇油，那势必对孩子造成沉重打击，弄不好会让孩子一蹶不振。因此，家长万不可再说类似"你怎么那么差，你看人家"这样的话。

这时候，家长要罗列孩子进步的一面，比如：你看小时候你只会读有拼音的故事书，现在没有拼音你也能读了；你忘了有一道特别难的数学题，是你自己做出来的；你的老师前几天还夸你上课认真听讲……这些有关学习的美好回忆就会给孩子带来很大的成就感，让孩子敢于接受更大的挑战。

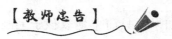

【教师忠告】

> 学习的路很长，一时的困难可能会拦住了孩子向前走的路。但当转身看到已跨越的这么多障碍时，孩子就会充满了前进的动力；学习苦，只要向上攀登就会遇到困难，这时候家长要给孩子减压，让孩子给自己讲讲在学校学到的新知识，让孩子提前体会一下博学多才的感觉；学习枯燥，但学习的过程中可以赋予学习好玩的一面，比如遇到问题找同学探讨一下。

记忆花开孩子强

进入小学阶段的孩子要记很多东西，从家去学校的路，从课程表到语文课文、数学公式，很多的枯燥的内容要进行消化吸收。在这个过程中，对孩子的记忆力提出了很大的考验。但家长也不要惊慌，这是每个孩子都会遇到的问题。

必备的记忆硬功夫

什么是记忆的硬功夫，很简单，那就是死记硬背，对于小学低年级的孩子来说更是如此，因为思维能力还非常有限，想获得知识只能靠死记硬背。小学低年级的知识比较简单，对理解力的要求也不高，所以死记硬背是这个

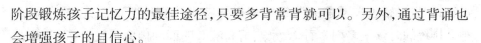

阶段锻炼孩子记忆力的最佳途径，只要多背常背就可以。另外，通过背诵也会增强孩子的自信心。

提到小学背诵课文这件事时，现在读高二的张凯说："小学三年级，几乎每篇课文都要求背诵，有的课后没写背诵全文，老师也要求。说实话，心里挺有想法的。可是没办法，还是要去背。有的时候意思也不是特别明白，但都能背下来。特别逗的是，由于已经背得非常熟，在给爸爸听的时候，背得就很快，也不怎么会停顿，过快的速度使得自己累得直喘气。但有趣的是，我到现在还记得那篇文章，并且我还真想去小学那个美丽的地方看看。"

理解记忆事半功倍

有人说："你对问题考虑得越深入，你的记忆就越牢固。"在没有理解的时候，不要试图去记忆，这会浪费时间。美国的林肯总统出身贫寒，小时候买不起书，只好借书看。他的要求不高，只要有人借给他，不管走多远他也要去。借回来后反复阅读，直到完全理解并记住再还回去。就是靠着这种理解记忆的阅读方法，林肯积累了大量的知识。

理解记忆不仅可以提高孩子记忆的效率，还能增强他们记忆的积极性。理解是掌握事物内在的、本质的、必然的联系。比如，背诵诗文首先要理解诗文的内容、用词及结构；对于数学公式、法则、定理、推论与定律，在理解了含义之后，才会弄清楚它的来源与推导过程及性质、意义；记忆地理位置、历史年代、电话号码等，都需要一定的"理解+联想"，掌握其特点及规律。

多种感官齐上阵

多种感官齐上阵，就是指通过口、眼、耳等，共同实现记忆的目的。人们都有这样的体验：之前学过的舞蹈、画画等与动作有联系的内容最不容易忘记；诗词、歌曲等吟唱的内容次之；如果只是用眼睛看过的书籍、画报等，其内容很容易就忘了。学习外语，总要强调"听说读写"，其实这个就是孩子们记忆的方法。

六一儿童节前夕，四年级（1）班要表演一个诗朗诵节目。和传统的诗朗诵不同的是，这个节目加入了鼓乐环节——其中两个人打大鼓、四个人打小鼓。小丽也是鼓乐表演中的一员，她打的是钹。如今已经工作的小丽，依然还记得自己的那句台词：罗盘火药，四大发明。小丽说："那时候一放学就要排练，大鼓'咚咚'一敲，很快进入状态。十几个人每人一句或者两句，不能

说错，如果说错就要重新来一遍。所以要特别认真地听前面人说，不能走神。排练的时候很多同学看，大家热情高涨。朗诵的内容很长，但大家都背下来了，而且非常开心。"

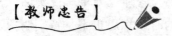

【教师忠告】

> 记忆并不难，一、二年级的小学生多背常背即可；中高年级的小学生要逐渐掌握先理解、后记忆的方法；另外，多种感官因素的加入也会加强记忆，这是一个非常有趣的过程，可以通过绘画、默写、朗诵等途径展开。

学海无涯乐作舟

"书山有路勤为径，学海无涯苦作舟"，这样一个"苦"字，可以说道出了学习的苦；可是另一方面，也会让孩子心生畏惧。试想，如果你预先知道这个事情非常苦，是不是也有打退堂鼓的念头。其实，换个角度，学习完全可以"乐"作舟。

学习是甜甜的糖果

小学阶段是人生打基础的阶段，功课其实并不是太难，最重要的是要激发孩子爱学习、想学习的潜质。其实，学习无非就是学习前人的成果和经验。对于孩子来说，这个过程应该是充满了新鲜与快乐的，绝不应该有苦不堪言的感受。学习是甜甜的糖果。

通过做题，可以帮助孩子掌握很多的知识。但也并不是题做得越多，孩子掌握的知识就越扎实，有的时候会适得其反。在强调做题数量的时候，要考虑到孩子对知识是否已经完全理解，不能只是为了做题而做题。因为题目都是根据所需掌握的知识而出的，如果只是一知半解，那题目稍有变换，孩子又不会做了。所以，一味地使用题海战术，会使孩子感到非常痛苦，打消了孩子的学习积极性，孩子也品尝不到学习知识的甘甜。

学习累了休息休息

每个孩子都是独特的，有着不同于旁人的特点。具体到学习上，不同的孩子也会有不同的差别。很多小学生学习非常刻苦，投入大量的时间，休息时也要看书做题。但仔细了解就会发现，这种强制型的学习导致用脑过度，很容易就会导致孩子疲劳，学习的效果并不明显，同时还会影响身体健康。孩子用功读书是好的，但在很累很困的状态下疲劳作战是不提倡的，因为这个时候孩子看似一直在盯着书看，实际上常常是什么也没看进去、什么也没记住。显而易见，用时间堆积的学习效率是很低的。

孩子在学校上课都有课间十分钟，这十分钟就是为了让孩子的大脑休息一下。同样，小学生在家里做功课的时候，也要注意学习时间不要太长。要注意劳逸结合，适当休息一下，站起来走走，活动四肢；或者吃点水果，补充身体能量……如果有难做的功课，先放一下，休息之后再看，有可能就解决了。

学习的体验在过程

上小学四年级的然然，对功课很没有信心，做完了不敢确定是否正确。这样就形成了在学校问同学、在家问父母的习惯——"爸，您看这填空题我填得对吗？""妈，您看这作文行不行？"出现这种情况，家长要注意鼓励孩子独立思考，逐渐养成自己解决问题的习惯。

有些孩子不明白为什么要做这么多题，好似学习和做题是捆绑的冤家，学习的结果就是要做无数的题。老师上完课都要留课后作业，孩子感到学习像做苦役。看似做功课这么小的事情，其实在孩子内心里会产生很多的倾向，或喜欢或厌恶或悲观。作为家长，一定知道这些对于孩子要比分数的高低重要得多。所以，要帮助孩子巧学习，慢慢攻克那些"似懂非懂"的题，让孩子体验到战胜困难的喜悦感，同时也掌握了难解的功课。

【教师忠告】

> 排斥掉那些"残缺"的学习方法，还原学习知识的快乐本真，将其传达给孩子——这是家长要做的。小学生学习的过程，也是认识自己、战胜自己、超越自己的过程，与其说孩子在学习，不如说孩子在了解人生。

学习习惯的培养要趁早

教育家叶圣陶先生曾明确指出："什么是教育？一句话，就是要养成良好的学习习惯。"

从小抓起，越早越好

在小学低年级，孩子的学习习惯就形成了。如果不给予特别的教育，孩子已经形成的习惯很难有大的改进。尽早使孩子养成良好的学习习惯是非常重要的。孩子年龄小，很容易养成一种习惯，同时也容易巩固习惯。及早发现不良的学习习惯，纠正起来会容易些。当不良的习惯越积越多并稳固下来时，就很难纠正了。

也有部分家长认为，孩子在小学低年级就是多玩，到高年级学习习惯自然就形成了。这种想法是极其错误的。建立良好的学习习惯，要从小学一年级，甚至幼儿园做起，家长朋友要引导孩子，在成长的过程中逐步强化，从而形成一种自觉的行为。

循序渐进，密切配合

学习习惯的养成不是瞬间促成的，它有个循序渐进的过程。可以根据孩子年龄的特点，逐步提出具体的切实可行的要求，使得良好的学习习惯能够持续稳定地发展。比如，小学低年级的时候，只要求让孩子上课专心听讲，按时完成作业就很好；到小学高年级甚至中学阶段的时候，在简单的学

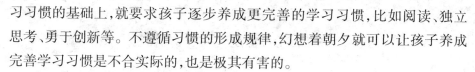
习习惯的基础上，就要求孩子逐步养成更完善的学习习惯，比如阅读、独立思考、勇于创新等。不遵循习惯的形成规律，幻想着朝夕就可以让孩子养成完善学习习惯是不合实际的，也是极其有害的。

依靠孩子多次反复的实践，就可以养成良好的学习习惯。低年级的孩子自制能力比较弱，习惯容易产生，也容易消退。家长可以有目的有计划地增强孩子的学习意识，使孩子在自主学习的过程中，养成良好的学习习惯。除此之外，因为孩子在学校的时间会多一些，所以家长朋友要注意和各科老师配合，共同帮助孩子养成良好的学习习惯。

树立榜样，启发自觉

孩子在学习的过程中，不容忽视的一点就是树立榜样。小学低年级孩子的学习习惯，主要是通过家长和老师的要求及模仿他人的情况形成的。要注意的是，对小学低年级的孩子来说，要找到现实生活中的榜样。比如，上小学二年级的晶晶，她的学习榜样就是比自己大十个月的小表姐。小表姐写字很工整，晶晶学姐姐的样子，也做得很不错。

树立榜样，不仅对小学低年级的孩子有效，对高年级的孩子也有很大的促进作用。可以给高年级的孩子讲一些名人勤奋好学、持之以恒等方面的故事，引导孩子多阅读些课外的书籍，使孩子了解到良好的学习习惯对以后个人发展的重要影响。孩子每一点良好行为，家长都要给予表扬，并且可以讲一下自己或其他人的学习经历，营造一个良好的氛围。同时，家长朋友也要注意自己的言行，给孩子做好榜样，不要把自己的不良习惯传染给孩子。

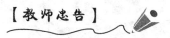
【教师忠告】

良好的学习习惯的培养，要和良好的生活习惯结合起来。有的家长只要求孩子学习好就行了，这是片面的。人才的培养是多方面的，相互之间存在很大的关联。在日常生活中粗心大意惯了的孩子，在学习中也很难养成认真细心的习惯。

制订合理的学习计划

小学是孩子人生的起点，是打基础的关键时期。小学生有计划地进行学习，才不会顾此失彼。在整个小学阶段，每个学期都会有几门功课。如果没有制订学习计划，就会手忙脚乱，杂乱无章，从而影响到学习的效果。制订学习计划，首先要明确学习哪几门功课、哪些内容，这样，在学习过程中，就会有章可循。

早期学习计划要有弹性

学习计划的制订主要是为了改善孩子的学习习惯，培养孩子对学习的兴趣。说起上小学时的学习经历，初二的王辉提到，学习计划的制订帮助我从一个不喜欢历史的孩子变成了历史老师眼中的优秀学生。在制订学习计划的时候，要从简单到复杂，另外要留一段空白的时间段，这样做是为了计划能够全部实行。比如 17:00 ~ 18:00 做作业，19:00 ~ 20:30 玩耍，21:00 睡觉。从这个例子中可以看到，做作业到玩耍的时间有一个小时的空当。留出空余的时间，协助孩子完成现阶段的计划，这样有助于下一阶段的计划安排。

制订计划，要充分考虑孩子的学习习惯和生活方式。找出适合自己孩子的方式，最好的办法是让孩子自己找出适合他的学习时间，充分利用时间，必定能事半功倍。

配合学习内容

学习计划分为长期计划和短期计划两种。相对来说，长期计划以一个学期为宜，从总体上对各学科的学习做一个全面的考量；短期计划以一周为宜，对这一星期内每天的学习内容、学习目的、保障措施及作息时间做出合理的安排。

合理的学习计划的制订，短期来说，可以提高孩子的成绩；长远来看，有助于孩子形成一个宏观的思维方式。安排好自己的事情，对于有的孩子来说，本身就做得很好了；对于学习特别被动、生活上也不着调的孩子来说，制订一份严格的学习计划就变得十分有必要了。

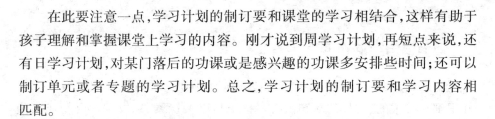
在此要注意一点，学习计划的制订要和课堂的学习相结合，这样有助于孩子理解和掌握课堂上学习的内容。刚才说到周学习计划，再短点来说，还有日学习计划，对某门落后的功课或是感兴趣的功课多安排些时间；还可以制订单元或者专题的学习计划。总之，学习计划的制订要和学习内容相匹配。

学习计划的执行情况

现代心理学研究发现，临睡前的记忆效果是最好的。学习内容不同，学习方法也会有所不同。比如，有些内容需要背诵，有些内容需要演算。由于学习内容的差异，所以就需要在制订学习计划的时候，能够考虑到这些问题。在孩子精力最旺盛和最疲倦的时候，所要安排的内容是完全不同的。另外，要避免两三个小时学习同一门功课，除非孩子非常感兴趣，否则，这样容易造成孩子疲倦并影响学习效率。

在实行学习计划的早期，家长应该及时询问孩子的执行情况，但不要对计划内容有太多的评论。孩子执行计划就应该进行鼓励，即使孩子没有按照计划早上六点半起床，家长也不要过度责备。因为询问本身就包含了一定的暗示，孩子会认真体会。

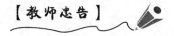

【教师忠告】

　　　学习计划的制订要具体、明确、切实可行，同时还要留有充分的余地，以保证计划的灵活性与可行性。在学习计划的执行中，一方面要坚定不移，另一方面也要根据实际情况适当地调整，以便更为有效地提高学习效果。

预习开启孩子自学的大门

按照学习计划预先自学课本的学习活动就是预习，它是培养孩子自主学习能力的一个重要途径。就好像外出游玩时先看导游图一样，通过预习，孩子对第二天所要学习的内容会有一个大概的认识——哪里是难点、哪里不清楚,这会提高课堂的听课效果。

预习是自学的过渡

俗话说得好:活到老,学到老。无论是老师还是家长,所能教给孩子的知识都是有限的,大量的新知识需要孩子自己去探索、去发现。反复强调预习的重要性,就是在培养孩子的自学能力。课前预习是让孩子通过自己的思考,对新知识进行自学。要知道,这个过程是多么重要,它会激发孩子的学习热情,同时引起对未知世界探索的兴趣。

孩子在预习的过程中,有不懂的内容是非常正常的。看不懂的内容,往往就是功课的重点与难点,或者是孩子学习过程中的薄弱环节。冒出的这些新问题,恰恰就是需要深入学习的关键所在。在预习的时候,把这些看不懂的内容记下来,或者是在书上标记出来,等老师在课堂上讲的时候,注意听或者举手提问就可以了。这样做的结果,就使孩子听课时注意力集中,态度积极,目的非常明确,听课效果会非常好。

学习变被动为主动

感到学习存在困难的孩子,主要问题就是基础不牢。学过的内容没有完全掌握,课后做作业感到吃力,学习变得越来越困难,形成了"恶性循环"。面对这种情况,有效的办法就是预习,变被动学习为主动学习。通过预习,巩固了需要掌握的旧知识,扫除了听课中存在的一些障碍,课堂上能够听懂或者全部理解,有助于增强学习的自信心;另外,上课听懂了,课后做作业的时间就会减少。

虽然预习用掉了一些时间,但会从听课、复习,以及课后做作业的效率上得到补偿。时间长了,孩子就会赢得一定的时间,用以回头翻看以前没有掌握的知识点,或者是遗忘了的地方,逐渐变为主动地学习,学习的效果自然不必多说。

站在书上看书

比起没有目的地读五遍课文,孩子带着问题读一遍课文的效果要好很多。带着问题读的时候,有一个启发的过程,这需要边读边思考,从文中找答案,这种学习是积极主动的,效果自然会更好。在孩子预习的时候,除了了解课本中的生词、概念等,要鼓励孩子大胆质疑,将弄不懂的地方标记出来,待上课的时候特别留意听老师的讲解。

让孩子学会"站在书上看书",是培养孩子自学能力的主要方法。要学会圈、点、批、注,将看过书的感想、想到的问题批注在书上。宋代学者朱熹读书的时候,就非常喜欢用各种颜色的笔做记号。初读时,把有体会的地方用红笔画出,再读时用青笔画出,最后用黑笔。这种方法在孩子预习的时候完全可以采用。

【教师忠告】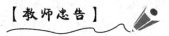

有专家说,当学习者知道学习的结果如何时,学习的兴趣自然就产生了。所以对孩子的预习活动,除了给予一定的指导外,还要有检查和评价。重视孩子的预习,并加强预习的有效性,让预习真正成为孩子自主的学习活动,是家长和老师共同的责任。

复习挂帅,孩子胸有成竹

"温故而知新,可以为师矣。"每天孩子放学回来,除了要做作业外,不要忘了对所学的知识进行复习。有教育学家说,如果孩子学完知识不复习,那孩子学到的只有25%。相对而言,很多家长都不以为然,认为只要在考前复习一下就可以了。殊不知,这样的想法是错误的。

复习工作要重视

对学过的知识重新学习的过程就是复习。复习分为课后复习和系统复习两种。课后复习主要是理解和巩固当天学到的知识,需要的就是及时。课后复习的时效性非常重要,不要今天学的知识等后天再复习,那就已经遗忘很多了。系统复习是对周、月、学期或者学年学过的知识进行全面深入的复习,主要是为了融会贯通,理解并掌握学科知识,是对之前所学知识进行

相对集中的再理解的过程。

从小学四年级开始，孩子所学知识的难度就会有一个很大的提升。常常会有课堂上老师讲的内容孩子没有完全听明白的情况，这时候通过课后复习查遗补漏，孩子就能将难懂的知识掌握了；也有的老师讲课速度快、讲的内容又多，通过复习，孩子可以将没有完全吸收的知识弥补好。

发现学习的薄弱环节

孩子养成复习的习惯，考试的时候就会胸有成竹，不会手忙脚乱。一般来说，在期中或者期末考试前，老师都会带着学生复习一遍。但因为每个学生的情况不同，所以需要学生们课下自己再进行一下复习。主动复习的孩子，能够发现自己学习中的薄弱环节。

小婷说，因为平时注意及时复习，所以对于考试，自己一点也不畏惧，因为知道自己哪些知识掌握得不牢固，哪些知识是老师强调的重点，哪些自己已经完全掌握，所以不用费太多的时间和精力就可以把一个学期所学的知识复习完。

积跬步得以至千里

刚刚学过的东西，开始会忘得很快，但过一段时间就会逐渐记起来。孩子在复习的时候，要注意这个规律。孩子上一天课回到家，一定学习了很多的新东西。为了增强记忆，趁热打铁是很有必要的。可以复习之后再做作业，还可以睡前回想一下，在脑子里把学过的知识过一遍。通过及时地复习，可以有效地巩固当天所学的知识。这样要比把很多内容集中到一小段时间复习好很多。

对低年级的小朋友来说，长时间的集中复习比较困难。这时候，可以采用分散复习的方法。每次复习的时间不超过半小时，休息之后再复习，这样不会有疲劳感，同时复习效果也比较好。在面临几门功课都要复习的时候，可以采用交叉复习的方法，比如数学 15 分钟，休息一会儿，语文 15 分钟。这样复习，孩子不会产生厌倦的心理。另外，还可以运用多种形式来复习，比如复习语文，可以朗读、背诵、造句、默写等；复习数学，可以记公式、做练习题等。复习的方法应该根据孩子的情况而灵活变通。

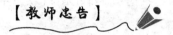

【教师忠告】

> 　　学习是一个系统工程,需要不断总结、练习和积累。无论是课前预习还是课后复习,都是遵循人的记忆规律的。通过复习,孩子可以更好地巩固所学的知识,另外还增强孩子的学习积极性、自我认同感等。

孩子偏科面面观

　　在孩子学习的过程中,常有这样的情况出现:有的科目作业,孩子做得飞快,小菜一碟;有的科目却是"老牛拉破车",作业做得很费劲,有时半天还没把本子打开。有家长说,孩子还没开窍,等过段时间就好了;也有的家长很困惑,不知如何是好。

喜欢与否导致偏科

　　孩子对某一方面有很高的领悟能力,可以说这是一个好现象。当然,孩子也可能在某些方面表现得比较迟钝,这时,家长朋友不要恐慌。要知道,有的科学家天生语言表达能力就差些;也有的作家数学就不及格。不过,对孩子的偏科问题不能放任自流,要知道小学阶段的教育是非常基础的。

　　对孩子表现出来的偏科问题要正确看待,真正了解孩子的问题所在。调查显示,小学生偏科的原因多是"觉得这门功课太麻烦"。这一点,和孩子的思想认识以及兴趣有关,但和孩子的学习能力以及思维能力没有关系。很多父母发现,孩子喜欢某门功课,就会产生学习动力,积极主动地去学习;不喜欢的功课,就明显有些懈怠,时间长了,偏科就产生了。

积极引导孩子的判断力

　　家长朋友平时要多注意观察孩子,如果孩子某门功课错误较多,不是特别上心,做作业马马虎虎,这可能就是偏科的初始表现。这时,家长可以和任课老师沟通一下，了解孩子在课堂上的学习情况，防止出现实质性的偏科。

小学阶段的孩子，兴趣点是很随意的。孩子偏爱某门功课，常常就是喜欢这一学科的任课老师。珍珍上小学三年级，在所有的科目中，她最喜欢上音乐课。因为音乐老师很漂亮，而且夸过珍珍两次。由此可以知道，孩子是很有判断能力的，任课老师表扬鼓励一下，或者讲课风趣幽默一些，都会博得孩子的好感。

对某一学科稍微有一点偏爱并不会影响全局，但如果是任课老师教学上的原因使得孩子产生"厌恶"某一学科的话，父母要对孩子进行正面教育，让孩子理解老师、接纳老师，消除对老师的隔阂和抗拒心理；同时父母要和老师积极地沟通，通过双方的共同努力，纠正孩子的偏科问题。

父母要高瞻远瞩

每个父母都希望孩子各方面都优秀。但要知道，孩子就是会出现各种各样的问题，这样他才会成长，才会有进步。所以很关键的一点是，父母要放平心态，不要孩子一出现问题，就好似如临大敌一样。只要正确地对待，好好分析，孩子就会朝着父母期待的方向发展。

看到孩子一门功课不行，有的父母火急火燎，一边给孩子找老师辅导，一边到书店买辅导书。可以说这真是可怜天下父母心，但所取得的效果并不明显，孩子没有多大进步。之后，父母心灰意冷，对孩子开始横眉冷对。应该说，孩子出现了问题，父母一定要冷静，心态要平和。由于学习习惯和学习态度，孩子出现偏科的情况，这属于孩子的主观原因，是可以扭转的。如果孩子对一门学科特别有兴趣，虽然投入了大量时间和精力，但并没有影响其他学科的学习，这种情况下，父母要大胆鼓励孩子发展他的特长。

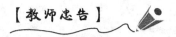

【教师忠告】

> 在纠正孩子偏科的问题时，父母要切忌"唠叨式督促"或者是频繁给孩子加码，这样更容易引起孩子的反感；相反，要关注孩子在弱势科目上的点滴进步，及时给予表扬与鼓励，对弱势学科学习中的困难，要注意给孩子以指导，帮助他们树立自信心。

学习的乐趣在实践

"知之者不如好之者，好之者不如乐之者。"孩子每天都会学到很多知识，如果能够应用到现实生活中，必然会激发孩子更大的学习热情。家长朋友可以通过设置情境、及时指导等方法引导孩子。

在实践中学习

宁宁是个活泼可爱的小女孩，正在读小学二年级。有一天她和妈妈去游乐园玩，进门买票的时候，妈妈让宁宁自己买票，并多给了宁宁两元钱。谁知宁宁说，妈妈您算错了，不用这两元。听完了宁宁的演算，妈妈开心地笑了。

孩子们在小学阶段学习的都是最基础的知识。所以家长朋友要注意将学习和生活紧密联系起来，不要过于割裂。如果孩子出了校门就不知如何学习，那就是缺少对生活的观察和体会。孩子学的东西，要能在现实中派上用场。利用所学的知识解决生活中的问题，对于孩子来说，同时也增加了对社会的认识和了解。

孩子和成年人一样，都是社会的成员。通过这样一些体验，在今后的学习中，孩子就不会有和生活脱节的感觉。随着学习内容的不断深入，进入到小学中高年级后，孩子慢慢会由最开始的机械性记忆，转变为理解性记忆。这是基于各种学习经验的积累所形成的。

增强学习的成就感

知识价值的体现，可以说不是"知道"和"背诵"，更重要的是运用。要让孩子尝试着用所学的知识解决生活中的问题，通过实践，孩子能收获更多的知识。北京举办奥运会期间，正放暑假的小军和妈妈一块儿去天安门广场玩。广场上有一个外国小朋友摔倒了，不远处的小军赶紧过去把她扶起来。匆匆赶来的妈妈，看到这两个小家伙还用英语聊上天了。虽然内容比较简单，但双方的家长都露出了喜悦的笑容。从此，英语成了小军的强项。

小学阶段的学科都可以和现实生活联系起来，既包括地理、历史，也有品德、语文等，可以设置一个情境来为孩子创造知识应用的条件。比如，阿连的爸爸让小阿连用一个成语说说这一天的心情，小阿连想了想说："早上开开心心，中午蹦蹦跳跳，下午高高兴兴。"

良性互动趣味浓

说到成语，几乎每个孩子都玩过成语接龙的游戏。根据孩子年龄的特点，游戏可以简单或复杂。高二的灿灿说："大概是小学二年级，爸妈和我常玩成语接龙的游戏，开始只接六个，每人两个，后来慢慢增长。记得每次我接上来一个，爸妈对我是又亲又抱。现在想起来，真是很甜蜜。"通过灿灿的例子，我们能够想到孩子在父母不断的鼓励下，很自然地巩固并应用着新学的知识。灿灿也强调："并不排除现学现卖的情况，这都是很有趣的事情。"

知识有时可能是枯燥、干瘪的，但通过父母和孩子的良性互动，就会增添学习知识的趣味性，在孩子的潜意识中，学知识就是玩耍，这样的效果不言而喻。

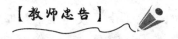

【教师忠告】

孩子有很强的可塑性，通过家长的引导，就会激发孩子参与社会实践的兴趣。现在很多博物馆都会招收小志愿者讲解员，孩子们形象生动的讲解为博物馆增添了亮丽的图景，更重要的是，孩子在各方面都获得了锻炼。

左思右想有了辙

　　"这道数学题,可真费琢磨,我横下了一条心,一定要攻克。仔细看看书,头脑要灵活,左思右想有了辙。"这是二十世纪九十年代音乐教材中的一首歌,名字叫《心里真快活》,也许有读者能够哼唱出来。在此引用只为了"左思右想有了辙"这几个字,它透露出一个很重要的学习方法,那就是运用发散思维,举一反三。

让孩子自己学习

　　学习的主体是孩子,要充分发挥孩子的积极性。传统理论认为,对于孩子要学的知识点,老师或者家长讲得越多、越细、越深、越透,孩子学得就越快、越好。孩子学习的过程,是由老师或者家长带领的,比起孩子自己摸索要快很多。不容忽视的是,这容易造成孩子不愿思考,让孩子形成了一定的被动与惰性。

　　孩子慢慢学会走路之后,父母都会有意识地一点点松手,让孩子独自去走人生的路。对于学习也是一样,在孩子掌握了一定的方法后,要让孩子去独自"行走"。家长首先要相信自己的孩子,放手让他自己学习,相信他自己通过努力能学好。要做到:孩子能独自完成的,家长不代替;孩子能独立解决的,家长不示范。这样才能培养出孩子独立思考和"举一反三"的能力。

查找原因,总结经验

　　有家长反映,孩子学习比较死,生搬硬套,会做的题目,往往换一个形式就不会了。出现这种情况,首先说明孩子对学习的内容并没有完全掌握。在引导孩子弥补相关知识的同时,也要注意鼓励孩子查找原因,并找到相应的解决途径。孩子会逐渐喜欢上这种挑战,而且会乐此不疲。这样,孩子再遇到问题就会自己解决,慢慢就懂得举一反三了。要注意的是,不要打击孩子的想象,试着把姿态放低,用孩子的眼光来看待问题。

　　彬彬有一个"错题本",他将做错的题记录下来,写上做错的原因,将正确的解答写在下面,同时还会写有其他不同的解题方法。彬彬的妈妈教给孩子的这个方法,就非常有用,这会让孩子有一个总结、分析、思考的过程,并展开联想。需要说明的是,在孩子经过反复思考,还是想不出该怎么做难题的时候,要允许孩子向其他人寻求帮助。

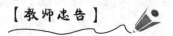 成为学习的主人

方法总比问题多,这就是说,不要害怕遇到问题,要积极地寻找方法。对于孩子的学习而言也是如此,掌握有效的学习方法永远比分数的高低要重要得多。家长朋友要多留心孩子的这方面才对,分数的高低只是水到渠成的结果。

另外,"学习小组"的作用也是不可缺少的。遇到疑难问题,几个孩子一起讨论、交流的合作学习形式,能够起到互相启发、相互激励、共同完善的作用。让孩子真正成为学习的主人,才会激起孩子学习的积极性,对所学知识的理解才会更加深刻。另外,通过比较的方法,也可能加深孩子对知识的理解和巩固。这包括新旧知识的比较,以及不同学科的比较。这样有助于孩子融会贯通,逐渐形成一个知识网络。

【教师忠告】

> 朝一个方向看,即便再努力,也无法看出新的方向。在孩子遇到难题的时候,多思多想、举一反三的发散思维能够帮助孩子打开思路。发散思维能帮助孩子找到解决问题的更多途径,从而找出最佳的解决方法。

Part 5 习惯养成，好习惯成就孩子的好人生

　　习惯，是一个人做事惯用的方法。人们常说，有什么样的习惯，就会有什么样的人生。好习惯的养成不是一朝一夕的事，需要家长耐心地培养。孩子自身存在的各种各样的问题，都有习惯因素的存在。因此，良好习惯的养成，要从培养孩子独立做事开始。家长应该要求孩子自主地学习，多一些耐心，善于自我管理，热爱劳动、诚实不撒谎、勤奋努力、懂礼貌讲文明，对他人多一份感恩之心。

独立是孩子人生的第一课

在现今社会，多数家庭都是独生子女，父母会把孩子视为掌上明珠。对孩子的吃、穿、用，父母百般照料，甚至出现了溺爱。这就造成孩子自立的能力差，在日常生活或者学习中遇到困难的时候，最先想到的就是父母，在得到帮助的同时，孩子的依赖性也与日俱增。

家长不要越权

孩子从一出生就是单独的个体。中国父母一般认为孩子与父母是一个整体，缺乏对孩子是单独个体的真正认识，使得孩子没有办法自己做出选择。当家长把属于孩子的权利交出来的时候，孩子才能真正自己做主，才能有主人翁的意识。放权于孩子，让孩子自己去选择，这样他才能承担自己的后果。

过于强势的父母，会给孩子带来巨大的心理压力，使孩子逐渐放弃超越，习惯于屈从，产生强大的心理障碍。对于家长朋友来说，一定要懂得剪掉自己与孩子之间那根无形的脐带。不放开孩子，总想控制他，这其实是在找自己的价值感。

依赖难题如何解

孩子在成长中，对父母的看法都会经历一个从看山是山到看山不是山，再到看山又是山的过程。美国著名作家马克·吐温就曾说："我七岁的时候，父亲是天底下最聪明的人；我十四岁的时候，父亲是天底下最没人情味的人；二十一岁的时候，我感到父亲还是聪明的人。"在小学阶段孩子的世界里，父母一般都有高大的形象。很多父母抱怨，怎么孩子那么懒，什么事也不想做，也不敢做。在父母感到无比困惑的同时，也要认真想一下，这一切的根源在哪里？

每天上课需要带什么书，本应是孩子分内的事，可是很多家长都会主动为孩子做。也有的小学中高年级的孩子，在写作业的时候，还要家长陪着。类似这样的依赖行为，比比皆是。小学四年级的兰兰说："妈妈看着我写作业，能发现我做得不对的地方，这样我就会得到老师的表扬。"读小学六年级

的小敏,也存在这样的问题。本来马上就要小学毕业了,可遇到难题的时候,还是要等着妈妈给讲,或者抄现成的。小敏做事情时经常没有主见,别人说什么就是什么。

替孩子走路的家长让人烦

孩子长大了、懂事了,作为家长内心是非常欣慰的。所谓长大、懂事,就是孩子能够独立地去做些事情了。聪明的家长要做孩子成长路上的引路者,而不是替孩子走路。比如孩子想自己洗衣服,这时有的父母就担心孩子洗不干净、弄满地水,当家长这样说的时候,其实表现出了对孩子的不信任。同时,由于家长的干涉会带给孩子强烈的挫败感,对孩子独立性的培养是十分不利的。

替孩子走路的家长,除了对孩子不放心、担心孩子做不好之外,还有一种很"应试教育"的想法不得不引起注意,那就是只要孩子学习好,什么都不用干。在不断强调素质教育的今天,由于依然存在升学的压力,所以使得部分家长过分重视孩子的学习情况,这对孩子健全人格的培养是非常不利的。要知道,孩子的发展要全方面,家长不能过度代劳,剥夺孩子全面成长的权利。

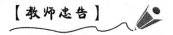
【教师忠告】

> 培养"德智体美劳"全面发展的有用人才,是国家一直不断强调的教育方针。有人说,教育是一门艺术,作为孩子的父母来说,所起到的作用更是不能小视。小学生应该及早独立。这需要家长改变自己的教育观念,鼓励并积极培养孩子独立自主的良好品德。

自主学习是孩子的担当

从世界范围来说,由于中国孩子人格上不够独立,他们的自我感是很缺乏的。在小学中高年级,孩子们要逐步完成五大能力的建构,包括自理能力、专注力、支配时间的能力、自我保护能力和与人交往的能力,另外还要学会感恩。只有完成了这些能力的建构,孩子们才能走向社会,勇敢地面对各种压力与磨难。

🌀 树立学习的目标

每个人都有目标,孩子也有。当孩子有目标的时候,他的每一步都跟目标是紧密相关的。孩子的目标是什么呢? 或许是父母期待的成绩单;或许是一定要超过班上的谁谁;或许是为了得到老师的夸奖……

十岁的小阿涛很想得到一个汽车模型,但模型太贵了。爸爸听了小阿涛的想法,同意给他买,但向阿涛提出了一个要求:寒假期间,每天认真写一篇日记。小阿涛没有犹豫,点头答应。事情的结果是,小阿涛做到了,并且也得到了爸爸给买的汽车模型,很开心。看了小阿涛的日记,爸爸也满意地点点头。

这里需要提醒家长朋友注意的是,答应孩子的承诺,一定要兑现,言而无信的结果是孩子不再相信家长了。

🌀 找到学习的兴趣

兴趣是最好的老师,这句话应该是人们非常熟悉的了。当孩子对某一学科很感兴趣的时候,就会自己去探索。现已成年的田阳讲述了自己的故事:"爸爸在天文台工作,从小就给我讲天文方面的有趣故事。初中还没读完的时候,我就已经把爸爸书柜里的很多书都看过了。现在从事的是和爸爸一样的天文工作。"

看到孩子学习被动,家长朋友会非常着急并且焦虑。红红的妈妈就这样说过:"红红学习比我自己学习都费劲。我还得当半个老师,提前看一下她要学的内容,然后回来检查她的情况。如果红红自己把学习弄好了,我还稍微可以做点别的事情。"红红妈妈的问题,存在一定的普遍性,在辅导孩子功课的时候,如果一段时间看不到孩子的学习效果,就会非常苦闷。家长辅导孩子主要是教会孩子学习的方法,就像玩游戏一样,如果觉得很难,就没有挑战的勇气。让孩子在兴趣中学习,这是家长要引导的。

强调主人翁意识

读二年级的舟舟，一生气就会对爸妈说："我给你们做作业，还不成吗？"也有家长会对孩子说："你给我好好上学。"虽然这都是很普通的话，但反映的确实是孩子主观上的被动和被压迫感。这一方面是孩子委曲求全的做法，另一方面也是家长朋友无意识的表现。

小美的妈妈周末要去加班，只好送小美去邻居家。路上，小美妈妈说："妈妈给你去赚钱，供你上大学。"也有老师会对学生说："给我把这篇课文背五遍，这个生词写一百遍"……基于此，在孩子潜意识中，学习就是给父母学的，给老师学的，而不是给自己学的。强调孩子的主人翁意识，对孩子自主学习会很有帮助。不是要孩子生来就受学习之苦，而是要孩子懂得为自己学习。家长朋友在和孩子平时的交流中，要注意用语。当孩子有主人翁的意识时，他就会对自己的学习负责，学习上（或者推而广之于生活中）的事情，孩子都会很主动，不需要家长在后面拿个小棍逼着。

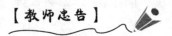

【教师忠告】

> 要求孩子对自己的学习负责，可以说是家长朋友应尽力引导的。学习从来不是别人的事，应该让孩子知道学习不是给任何人做的，而是自己的，通过学习才能懂事、长本领，才能体现自己的价值。当孩子明白这一点后，他的整体素质就会有极大的提高。

孩子磨蹭为哪般

"这孩子干什么都磨磨蹭蹭！"家长朋友总会这样发着牢骚。殊不知，这可真是冤枉了孩子，也欺骗了自己。试想，孩子真的什么事都磨蹭吗？那样的孩子不是没有，但十分少见。解决孩子磨蹭问题，首先要解决父母的问题。

磨磨蹭蹭把心焦

"我儿子十岁,干什么都慢,不管是吃饭还是做作业。开始也是给他规定时间,但没什么效果。比如时间到了饭还没吃完,不让他吃,他就不吃了,但又害怕他缺营养。因为儿子动作慢,没少挨爸爸打。今天早上因为这个,孩子又被打了一顿。因为这个问题,没少和爱人吵架,可以说在一定程度上也影响了我们之间的感情。真不知该怎么办好。"

因为孩子教育的问题而影响夫妻感情的事情还是存在的。面对孩子的教育问题,夫妻双方首先要做个很好的交流,焦虑和争吵不会带来任何的帮助;另一方面,粗暴和打骂孩子也不会得到很好的效果,虽然短期可能会见效,但会加重孩子的逆反心理,这是得不偿失的。所以,首先要做有心的家长。不管是哪一方,都要以把孩子教育好的目的为前提。

积极暗示柳暗花明

当被问到自己缺点时,亮亮不假思索地说:"磨蹭。"孩子习以为常的口气,着实让人吃惊不小。看得出亮亮已经为自己贴上了"磨蹭"的标签,并且觉得这是一件很正常的事。不得不说,这一点是很可怕的,这是孩子一种主观上的认可,潜意识就是:"我就是这样了,还能把我怎么样。"

由于受到他人消极的心理暗示,最终导致了孩子自己的消极心理暗示。遇到孩子磨蹭的问题,有些老师和家长不停地批评,对于孩子而言可以说是雪上加霜,势必强化孩子消极的自我形象——既然你们都说我"磨蹭",看来自己真是个磨蹭的人,那就继续下去吧!

后来亮亮的父母改变了态度,有意识地去暗示他不是一个磨蹭的孩子,并适当创造条件让他体验做事效率高的感觉。当亮亮在一小时内做完四门功课时,激动兴奋之情难以言表。通过积极的心理暗示,排除掉负面的阴影,当孩子不再认定自己是"磨蹭"的人时,便是"柳暗花明又一村"。

消除成见巧观察

在注意到孩子有磨蹭的问题时,比较明智的做法是不要马上下定论。作为父母,总说孩子"磨蹭",在自己内心也会有强化的成分:"他就是磨蹭,什么都做不好"。这样就形成了对孩子的成见,"磨蹭"的问题被成倍放大。家长对孩子好的方面难以关注到,对孩子的缺点的认识也会变得片面化和定式化。

比如，对写字的问题，有的孩子写得慢，但字迹很工整；有的写得很快，但字迹"龙飞凤舞"。对这一点，要看孩子的年龄层次。如果是小学低年级，应该说写得好比写得快要重要得多，只要不磨蹭，不要过分强调快慢。

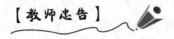
【教师忠告】

> 对待孩子的磨蹭问题，可以建议他自己制订一个计划，自己解决自己的问题。另一方面，家长要积极配合，多鼓励，切记不要唠叨孩子"慢"。相信在家长和孩子共同的努力下，孩子就会有效地安排自己的时间，规范行为，做好应做的事。

耐心·是一切聪明才智的基础

"我家孩子并不笨，可是就是没耐性，做事有头无尾，经常做半截走了。"成长过程中的孩子会有各种各样的问题，但这些又都不是问题，因为孩子有很强的可塑性，经过引导，好的习惯就会逐渐养成。孩子耐心习惯的养成也是要有一个过程的。

心急吃不了热豆腐

对孩子提出的要求，很多家长都是马上满足。要吃的给吃的，要喝的给喝的，要什么给买什么……家长的全力满足，一定程度上助长了孩子等不及的习惯。所以，对不是特别急用的物品，要有意地延缓一段时间，不要立刻就去满足孩子的要求，以培养孩子的耐心。要让孩子知道，生活中很多事都需要耐心等待，不是想有立刻就会有。同时，让孩子懂得自己去满足自己，比如孩子渴了，在安全的情况下，让他自己去喝水。

和风送暖的春天到了，丫丫的爸妈决定周六带孩子一块去爬山。丫丫很开心，便对爸爸说："那我们来比赛，看谁先到山顶，怎么样？"爸爸同意了，并由妈妈来做裁判。约定的日子很快就到了。一开始，丫丫还很有劲头，冲在前头，信心十足，看着爸爸，觉得自己赢定了。可没多久，丫丫就灰心了，叫苦不迭，说太累了不爬了。最后在妈妈的鼓励下，她终于爬到了山顶。丫丫在日记中写道："我爬到了山顶，开心极了。多谢妈妈，不然我真没耐心继续爬了。"

忍一时风平浪静

很多孩子没耐心，是由于家长也没有要求孩子一鼓作气。因此，家长要注意避免造成孩子半途而废的行为习惯。在准备开始做一件事情之前，让孩子先把正在做的事情弄完。比如准备让孩子一会儿去洗澡，那就应该在烧水前告诉孩子，画完这张画就去洗澡。

有位妈妈诉苦道："女儿小学一年级，晚上做老师留的抄写两篇课文的作业。女儿倒是很认真，就是她写了擦，擦了写，一个小时才写了一篇。她不停地擦啊擦，把作业本都擦坏了。我跟她说已经写得很好了，可是她不满意，非要写得跟书上的一样，那是印刷体啊。写完第一篇，再写第二篇的时候，女儿就不耐烦了，一边擦一边生气。休息一会儿，还是不行。我终于也忍不住生气了……"

孩子追求完美并不是错，家长首先要有耐心，不能自己先发火了，有脾气要忍耐一下。孩子的焦虑多数与家长有很大关系。孩子的这个问题，经过一段时间就会有所好转。

耐心与脾气有关吗

有些孩子外表可爱，但脾气很大。有不顺心的事，就会闹个不停，这让家长不知所措。八岁的笑笑是个聪明可爱的小女孩，但最近总是爱发脾气。在玩拼图的时候，如果拼错了，她就生气地坐在地上，什么也不管了，并很难过地说："妈妈，我拼不好。"笑笑妈妈很耐心地安慰道："没关系，拼不好妈妈陪你一起再来一次好吗？"这次的问题解决了，但大人不可能总有时间陪孩子玩。当笑笑自己又弄不好的时候依然会很急躁，动不动就发脾气。

家长在发现这种情况后，要听听孩子的想法，帮助孩子控制情绪，学会找到适当的方法解决；同时，要鼓励孩子表达自己的感受和需求，对孩子正当的需求应该尽量满足，不能满足的时候要耐心解释，当孩子没道理发脾气时，不能因孩子的哭闹而妥协；也要注意，不能因自己的情绪变化，对孩子时而严厉时而娇惯，这会使孩子因无所适从而发脾气。

【教师忠告】

> 耐心是靠坚强意志磨炼出来的，越是在困难的环境中，越能锻炼孩子的耐心。家长要鼓励孩子耐心做事。当孩子通过努力完成一件事时，家长要及时表扬，强化孩子做事有始有终的良好习惯。

自我管理有章法

懂得自我管理的孩子，会给家长减少很多负担。孩子果敢、刚毅、充满自信，有很强的独立性，能处理好自己的事情，这对于家长来说是求之不得的。自我管理包括方方面面，除了学习，还有个人的起居等。

自己的事情自己干

进行自我管理，首先要让孩子学会生活自理，这是孩子树立独立意识的起点。家长要从孩子最基本的衣、食、住、行着手。需要不断强调的是，不要过分地宠爱孩子，要放手让孩子参与自己的事情。由于现在家庭多是独生子女，好几个长辈围着一个孩子转，这就使得孩子非常自我，有些力所能及的事也不去做，更重要的是，家长过多地包办，使孩子真正养成了"衣来伸手、饭来张口"的生活习惯。

这样的孩子一旦离开了家长的庇护，会感到处处碰壁。为了孩子健康地成长，家长要让孩子做些力所能及的事，比如收拾自己的衣柜、鞋帽，整理第二天要用的课本等，通过这些事情，增强孩子独立做事的能力。这是自我管理很重要的一点。如果孩子什么都不能做，更没法要求他能够自我管理了。

学会与人友好相处

约束自己不是自我管理的本源，对自己、他人、集体全面负责，才是自我管理的根本。家长引导孩子自我管理，首先要帮助他们树立集体主义的观念，克服个人的本位主义。孩子的自我管理根植于集体中，具有集体的意蕴。强化孩子自我管理的意识，一方面要让孩子们学会照顾自己；另一方面，要让孩子懂得关心集体和周围其他同学，认识到自己是班集体的一员。

让孩子有机会离开父母，学会支配自己的社交生活，在与人相处的过程中懂得自己的独特性。建建写完作业后，去找住在附近的玲玲玩，这两个孩子是一个班的。半小时后，建建开开心心地回来了，手里拿着从玲玲那学会的折纸。建建妈看了后，说他折得很好，有时间叫小朋友来家里玩。在父母的鼓励下，建建开朗多了，班里的小朋友也很喜欢他。

保护孩子的积极性

要求孩子自我管理，不是说可以放任自流，随孩子的便。自我管理的直接动力是源于孩子自我服务、行为自律的需要，是孩子发自内心的行动。

光明小学低年级组的越野比赛就要开始了，强强是班里跑步最快的。这次强强一家都来给孩子助阵。但谁也不会知道，前一天晚上，强强跟爸爸妈妈发了一次火。

对于这次比赛，强强都已经做好了准备。可晚上的时候，一会儿妈妈过来说别忘了带水瓶，一会儿爸爸说把手套戴上。没过多会儿，强强父母就开始相互间吵开了，一个说你给孩子带那么多东西干什么，一个说样样都是必要的。在里屋的强强终于忍不住了，嚷了一句："你们别管啦，我什么都不带。"强强的爸妈同时怔住了，面面相觑。但回过头一想，俩人不约而同地笑了。孩子懂得照顾自己了，知道该怎么做了。爸爸走过去对强强说："小伙子，明天爸爸妈妈去给你加油！"强强高兴地点点头。

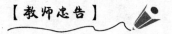

【教师忠告】

> 通过不断地独立做事，增强了孩子的自信心。根据孩子的年龄特点，对于他想做、能做的事，家长应给予支持并鼓励，这是对孩子自我管理的有效实践，能够增强孩子做事的积极性、主动性及独立性。

诚实是幸福的保障

诚实是一个人非常可贵的品质，凡事忠于事实，不偏左右，知之为知之，不知为不知，就是诚实。孩子要学会对做错的事情坦白承认，并勇于承担后果。十八世纪经典童话故事《匹诺曹》中，一个非常有趣的情景就是匹诺曹一说谎，鼻子就变长。你的鼻子变长了吗？

诚实带来温暖

王佳的数学试卷发下来了——满分。正高兴的时候，她忽然发现有一道题做错了，老师没看出来。王佳心想：该怎么办呢？要不要跟老师说？回到家，王佳妈妈觉察出孩子心神不定。后来，王佳跟妈妈说了缘由。"孩子，错了就是错了，对了就是对了，诚实是最要紧的。"听了妈妈的教诲，王佳点点头。第二天，她找到老师，说明情况，要求老师改了分数。虽然王佳没有得到满分，却迎来了老师和同学们赞许的眼光，王佳心里暖暖的。

列宁八岁的时候，有一天，和爸爸一块到姑姑家做客。在和伙伴们玩捉迷藏的时候，列宁不小心碰了桌子，这使得桌上的一只花瓶掉下来，摔碎了。由于孩子们玩得正起劲，谁也没有注意到，还在互相追赶着。姑姑跑进来问谁打碎的，伙伴们都说不是我，列宁也这么说了一句。回到家，列宁躺在床上不说话。妈妈问他怎么了，这时列宁把打碎花瓶的事情告诉了妈妈。按照妈妈的要求，列宁给姑姑写信，承认了错误。之后，他收到了姑姑的回信：

"做错了事能自己认错,你是个诚实的好孩子。"

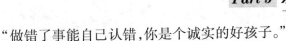 说谎使人心儿焦

在犯错后一个人很容易说谎,并试图掩盖事实。对孩子说谎的问题,家长感到很头痛。如果想教育孩子诚实,前提是要了解孩子说谎的原因,这样才能有效地纠正孩子这个不好的习惯。果果的好朋友有一个好看的笔袋,果果很喜欢。于是,她想了一个办法。回家后,果果便跟妈妈说:"今天不小心,我把笔袋掉厕所里了,我想得重新买一个了。"

孩子虽然小,但也还是有攀比、趋同心理的。看见别的小朋友有的东西,自己也想要一个。东西不一定有用,但就是想和别人一样。如果家长不假思索就答应了孩子的要求,一定程度上就助长了孩子说谎的心理。因此,家长要认真地分析,发现孩子说谎要及时指出,纠正孩子的虚荣心理。

有的孩子害怕家长责备,就会编一些谎话。家长朋友要把握好孩子的心理,能够注意到孩子的目的是什么,尽量减少孩子说谎的可能,平时要放低姿态,过于严厉的教育,会使孩子形成惧怕心理,导致孩子说谎。

春风送暖扬正气

在日常生活中,家长朋友也要给孩子做好诚实的榜样。去商店买东西,店员多找了五毛钱给你,你是否会退还?当你不想接电话的时候,是否会让家人说你不在家?坐公交的时候,你是否会带孩子一起插队?有人说,在教育孩子的同时,自己也在受教育。其实,这话一点不错。当我们在规范孩子行为习惯的同时,也是对自身行为的检查。家长要做好孩子诚实的榜样,同时,看到孩子有诚实的表现时,一定要记得给他赞美和鼓励。

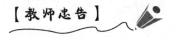【教师忠告】

说实话之后,匹诺曹的鼻子就恢复了原状。虽然人的鼻子不会因说谎有所变化,但在内心一定会有一番思量。这才有了那句"身正不怕影子歪"。诚实就像春风,将满满的正气吹进每个人的心田,小孩子也不例外。

勤奋是优良的品德

物质条件极大丰富的同时，勤奋的品质似乎变得越来越稀缺。"饱食终日，无所作为"也是一种潇洒，但却体会不到亲自动手的快乐。以前"凿壁偷光"的故事，对今天的孩子来说，实在无法亲身体会，但这种勤奋的精神却是不可丢的。

一勤天下无难事

喜欢偷懒，能少干就少干，总以为没人知道，其实你所消耗的就是勤奋的好习惯，取而代之的是懒惰的恶习。这是部分上班族的状态。勤奋促进生产的进步、民族的发展，同样，勤奋会铸就孩子的成长。在小学低年级，就要让孩子养成勤奋努力的习惯。

给世界带来光明的著名科学家爱迪生说过："成功是百分之一的灵感加百分之九十九的汗水。"爱迪生一生勤奋好学，善于思考，工作非常努力。在七十五岁的时候，爱迪生依然坚持每天准时到实验室上班，每天的工作时间都是十几个小时，晚间在书房读书三到五个小时。

勤奋努力受人尊敬

曾经六次入选 NBA（美国男子篮球职业联赛）"全明星"赛阵容的姚明，获得过无数的荣誉。这背后最可贵的一点是姚明的勤奋和努力。美联社曾在报道中这样写道："众所周知，休斯敦火箭队前中锋姚明是篮球界最为努力工作的人。"姚明用自己的勤奋和刻苦让人们知道，他在 NBA 的成功绝不仅仅因为他的身高。

看到别人鲜花和掌声的时候，我们要看到其背后的辛劳。没有勤奋努力，光靠聪明是不可能取得成功的。国内著名主持人杨澜在谈到自己的成功时说："我其实不是那种很聪明的人，但是我很勤奋。"要生存，要发展，唯一的办法就是勤奋、勤奋、再勤奋。从小养成勤奋的习惯，对孩子来说是非常必要的。

人生路上需勤奋

"不经历风雨，怎么见彩虹，没有人能随随便便成功。"就像歌中唱的，在父母为孩子挡下"风雨"的时候，实际上也剥夺了孩子自己动手、动脑的机会。在这种安乐的成长环境中，孩子就变得越来越懒。孩子最终要进入社会，要靠自己的力量主宰命运。对于家长来说，总有一天要放手。因此，要想孩子有所成就，就要从小培养孩子勤奋上进的品质。

父母是孩子成长路上的第一任老师，孩子会把父母当成一面镜子。如果家长只讲大道理、表里不一，那么对孩子而言，再铿锵的说辞也是无比苍白的。家长朋友们时时刻刻不能忘记自己的责任，要成为孩子学习的好榜样。不要觉得人到中年，也不会有太大的作为，就只是把希望寄托在孩子身上。做好自己，孩子自然会受益。

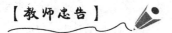

【教师忠告】

> 勤奋对人的成才有重大影响。只有勤奋努力，才能收获巨大的成就。勤奋的品质是一笔终生的财富。每个人的人生都要由自己来创造，勤奋的人能够创造出更绚烂的人生。对孩子勤奋习惯的培养，就是给了孩子一笔终生的财富。

专注提高学习效率

专注是孩子学习能力很重要的一个方面。拥有良好专注力的孩子不仅在学习方面出类拔萃，就是在其他方面也是很出色的。对孩子专注力的培养，该如何做起呢？

营造安静的学习环境

周围的环境对注意力的影响是非常大的。要求孩子学习时集中注意力，家长就应该为孩子提供一个安静的、不受干扰的学习环境，当孩子开始学习的时候，最好不要和他说话，也不要在孩子旁边来回走动或者询问孩子学习的情况，这样都会干扰孩子学习的注意力。另外，孩子学习的时候，家长之间最好不要说话，如果必须要说，尽量放低声音。

常见的情况是，家长要求孩子好好学习，自己却在看电视，并且电视的声音开得还很大。更有的家长在孩子学习的时候还打麻将。这不仅会影响孩子的专注度，还会给孩子带来其他不良的影响。在这方面，丁丁的爸爸做得就很值得学习。每天，丁丁爸爸会陪孩子学习一小时。孩子做作业的时候，爸爸就看书，并且允许孩子有不懂的问题问他。时间长了，当爸爸不在的时候，丁丁也会定时学习，并且非常专心。只有家长尽力排除使孩子分心的因素，孩子才会集中精力学习。

在规定的时间内完成作业

一般来说，要求孩子在一定时间完成作业，大多数孩子就能按时完成。家长可以根据孩子年龄的特点，要求孩子在相应的时间集中注意力，又好又快地完成作业。由于孩子注意力稳定的时间是有限的，如果作业量大，需要额外的时间才能完成，可以让孩子一部分一部分地完成作业，这样可以使得孩子的学习有张有弛，从而提高学习效率。

孩子长时间做作业，如果中途没有休息，同时家长还在孩子旁边不停唠叨，这就很容易使孩子产生抵触心理。在孩子专心学习后，聪明的家长要陪他一起玩一下，这样才不会使孩子失去学习的兴趣。

给孩子玩的时间

家长总希望孩子认真学习，用来学习的时间越多越好。但要知道，玩是孩子的天性，一味地给孩子加压，他反而不能认真学习。上小学一年级的小花，作业做得又快又好。每当小花要出去玩的时候，爸爸总是问："又出去玩，作业做完了没有？"听到爸爸严厉的训斥，小花总是很生气。当爸爸检查出作业中的错误时，更是会对小花劈头盖脸地指责一翻。

后来，小花慢慢开始拖延时间，明明半小时能完成的功课，一定要拖到一小时或者两小时，要么走神要么玩铅笔。不能不说，家长从自己角度的理解问题，给孩子带来了一定的伤害。专注就是在一定时间内高度集中注意力，而不是违背孩子的天性，把所有时间都用来做作业。

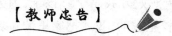 **专心做好一件事**

在做作业的时候，有的孩子想的是正在放的动画片；有的孩子是一会儿碰碰这，一会儿动动那；还有的是一边看电视，一边写作业。只需十分钟就能完成的作业，有的孩子常常两个小时都完成不了。其实，家长可以引导孩子专注地学习，不要一边玩一边做其他事情。做好一门功课后可以休息一会儿，这样孩子不会太疲劳。

【教师忠告】

家长可以为孩子设计一些有趣的游戏。在孩子专注地玩时不要有意干扰、给他们送东西，或者要他们干其他不相干的事。这样既扫了孩子的兴，又中断了他们的活动，容易造成孩子的不专心。

点滴之间的文明风范

家庭教育是孩子成长的一个重要途径，是家长与孩子共同成长的主要渠道。良好的家庭教育对孩子的成长起着至关重要的作用。家长要从关注身边小事开始，让孩子慢慢树立起文明的意识。

文明礼仪从问好开始

中国自古便是礼仪之邦，主动问候本身就是仪式的重要环节。问候，是尊重他人的外在表现，体现了人与人之间的温情。早上离开父母时打声招呼，来到学校时和老师问声好，同学之间也要互相问声好。简单的问候，传达着友善文明的氛围。

"路上慢点！""知道了，您回吧！"每天早上上学前，兵兵都会和妈妈有这样的对话。妈妈的叮咛和兵兵懂事的回应，构成了一曲美妙的音乐。到了学校，向老师、同学问声好；上课铃声一响，老师走进来，班长喊一声"起立"，同学们站直齐声喊"老师好"，老师站在讲台前大声答道"同学们好"，班长又喊一声"请坐"。这样真诚地问一声好，既温暖了他人，也温暖了自己。问好缩短了人与人之间的距离，世界因问好变得更加美好，更加充满爱。

社会小公民，从身边小事做起

少年强则中国强，少年文明则中国文明。文明不是喊口号，而是表现在日常生活中。

二年级的冬冬在日记里这样写道："今天妈妈夸我是个好孩子，因为我把家里收拾得干干净净、整整齐齐。按照学校里教的，我还把家里的垃圾也分别装在了不同的袋子里。虽然累得满头大汗，但我很开心。"

孩子作为社会的共同成员，从小就要培养他们的公民意识，可以从身边的小事做起：在公共场所，不大声吵闹、不乱丢垃圾、不随地吐痰；自觉遵守交通规则，过马路走人行横道；乘坐公共汽车，给老人和抱小孩的乘客让座；爱护公物，不乱写乱画……点滴之间，就会将文明之风传递给孩子。

储蓄文明，受益终生

向您问声好，请您坐下。通过这样的问候和行为，在人与人之间传递着友善。但还有一点也是不能忽视的。现在的家庭多数是以"孩子为中心"，容易让孩子形成"小皇帝""小公主"的作风。"小时候，一大家子人吃饭，要等长辈们坐好后，孩子才能坐下。现在的孩子不懂这个。"牛大哥这样说着。

由于很多家庭都是独生子女，这种情况下家长更要培养孩子的他人意识。一家人在一起吃饭，一般都是妈妈来照顾家人用餐，端上菜，盛好饭，叫大家一块出来吃饭。这个时候完全可以让孩子参与进来，根据孩子的年龄特点，从收拾饭桌、摆好碗筷开始，让孩子体会到为他人服务的乐趣。

与储蓄金钱一样，文明也是可以储蓄的。不需要刻意寻找什么机会，从每一件小事做起，将孩子的优良品德不断储存下来，如乐于助人、诚实善良、关心集体等，这样就会逐渐成为孩子弥足珍贵的精神财富。

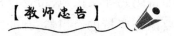

> 一撇一捺，一个"人"。写起来简单，做好却不容易。相比较来说，现代社会对人的文明礼仪要求更高。越是懂文明的人，越受到人们的欢迎，越能获得更广阔的发展天地。从小养成良好的文明习惯，将是孩子终身受益的财富。

劳动的快乐说不尽

"太阳光金亮亮，雄鸡唱三唱。花儿醒来了，鸟儿忙梳妆。小喜鹊造新房，小蜜蜂采蜜忙。幸福的生活从哪里来？要靠劳动来创造。"唱着这首欢快的《劳动最光荣》，你有没有很想参与进来？

劳动滋养心灵

人总是会自觉地寻找快乐的东西，孩子也是一样。通过家长的积极引导，孩子就会养成爱劳动的好习惯。根据孩子年龄的特点，家长可以分阶段地让孩子参与到劳动中来。低年级的小朋友，应学会自己铺床、叠被；再大一点的孩子可以洗碗、洗衣；高年级的孩子可以参与到做饭、种植、家庭维修等活动中。

从动手做事开始，自己的事情自己来做。在做家务这方面，二年级的青青最得意的就是被子叠得特别好。说起这个，还得益于爸爸的教导——青青爸爸以前当过解放军。妈妈看着青青整整齐齐的床铺，直夸孩子心灵手巧。从此，青青也改变了以前邋遢的形象，作业本、课本都是干干净净的，每次学习前都会去洗洗手，说是怕把书本弄脏了。

从劳动中体会收获

家庭是一个非常广阔的天地，为孩子提供着多种多样自由灵活的实践

活动,家长朋友要善于让孩子参与进来,比如帮妈妈择菜擦地,帮爸爸种植花草和农作物等。这些琐碎的事情都是需要耐心坚持的。当然,有的家长会想:让孩子帮忙还不够添乱的,多费好多口舌。可是谁不是这样长大的,一次两次不会,多做几次自然就会了。

在农村长大的张琪,看起来要比同龄的孩子更懂事些。秋天是一年中的收获季节,也是张琪一家最忙的时候。周末张琪和父母一块儿到地里剥玉米,虽然十一岁的张琪干不了太快,但也在努力干着。当和父母一起将玉米拉回家,看着金黄的玉米铺满院子的时候,张琪心里暖暖的。

除了平日的洒扫,梅梅家每月要进行一次家庭大扫除。擦地板、刷马桶等都是爸爸的活,妈妈要洗床单、被罩、窗帘,梅梅负责擦窗台、桌子、电视柜。经过一两个小时的忙活,看着干干净净的屋子,全家人都笑了。

懂得关爱他人

有人说,得到是一种幸福,给予是一种更大的幸福。能够给予的人是有福气的。在孩子习惯了得到的时候,他会以为一切都是理所当然,就应该如此。"爸爸、妈妈、所有人都应该对我好,为我服务是他们应该的。家长挣钱就应该给我花,我为什么要心疼?"孩子这样的想法是一种自私的表现,或者是长期错误的家庭教育的结果。

孩子来到这个世界,就是一个独立的个体。家长关爱孩子,反过来孩子也要懂得关爱家长。五年级的小强有一天自己在家,写完了作业并收拾完书桌后,想到妈妈回来又是一阵忙活,于是,他按照平时妈妈的做法准备晚饭,动手做了一个凉拌黄瓜和西红柿炒鸡蛋,还把米饭蒸好了。当疲惫的妈妈回来看到桌子上的饭菜,感动得直夸小强真是好孩子。小强爸爸回来说:"儿子懂事了,不容易。"

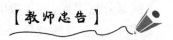

【教师忠告】

> "要学喜鹊造新房,要学蜜蜂采蜜糖。劳动的快乐说不尽,劳动的创造最光荣。"培养孩子较高的劳动素质,也是让孩子适应现代社会的需要。

带着感恩往前走

为了感谢上天赐予的好收成、感谢印第安人的帮助,美国创立了感恩节,用来感谢他人对自己的帮助。匆匆的人生,需要感谢的人实在是太多,可以说每个人都应该有自己的感恩节。对给予自己帮助的人怀有感恩之情,并懂得回馈他人,这样的孩子更容易受到他人的欢迎。

最应该感恩的是父母

"不记得何时学会了说话,只知道第一声叫的是妈妈。记得你天天说啊说,渐渐才读懂你的表达。不记得何时学会了走路,只知道扶我第一步的是爸爸。记得你慢慢放开手,人生的路已在我脚下……"歌曲《叫一声爸妈》,直接道出了父母对于孩子的关爱。

不管走到哪里,不管取得了多大成就,每个人最应该感谢就是自己的父母。感动了无数人的"妈妈,洗脚"的公益广告,正是通过妈妈的言传身教,让孩子感到了自己也可以这么做。

感恩是每个人都要做的。除了感恩父母,还要感恩老师、同学,以及所有帮助过自己的人。亮亮的橡皮找不到了,同桌刚刚说先用我的吧。齐齐的扣子掉了,亮亮和同学们一道帮忙找,之后班主任拿来针线给齐齐缝上了。互相帮助、懂得感恩,这样的集体温暖着每一个人。

感恩所有外在的给予

生活中并不永远是开心和快乐,往往充满着荆棘与险阻。怀着感恩的心,孩子才会更加珍惜身边美好的事物,遇到坎坷不被压倒,积极战胜困难,从而实现自己的理想。

教育孩子懂得感恩,不仅包括感恩生活的丰衣足食,还要感恩外界环境。感谢阳光雨露,感谢日月星辰,感谢花开花落,感谢鼓励自己的人,感谢看不起自己的人,感谢和自己打架的人……教孩子懂得感恩,一定意义上扩大了孩子思考问题的方式,使他保有乐观积极的心态,这对孩子的成长是极为重要的。

　　社会为孩子提供了一个美好的时代和自由的舞台，使孩子能够安心地学习并施展自己的才华。每个人成绩的取得无不来自社会所提供的平台，孩子学会感恩社会，才能得到社会的回馈。一次植树节，舟舟和父母一块来到郊外的一块荒地。当得知植树会改善空气质量后，舟舟说明年还要来。

鼓励孩子的感恩行为

　　现在很多孩子不知道感恩，除了社会大环境的影响外，还有一点——家长忽视了对孩子的感恩教育。要让孩子知道，并非只对大恩大德的举动才要报恩，对父母点滴的孝行、对他人看似微不足道的关心，也是一种报恩。如果孩子能常怀感恩之心，不仅能培养他与人为善、与人为乐、乐于助人的品德，还能促进他们健康人格的形成，对今后建立和谐的人际关系有着重要的作用。

　　每年阳阳过生日，爸爸都会给他买个生日蛋糕，妈妈给阳阳做好吃的。就在刚刚过去的八岁生日那天，阳阳突然问爸爸妈妈："你们是哪天的生日，为什么你们不过生日？"之后，阳阳决定把零花钱攒下来，给爸爸妈妈分别买个生日礼物。在爸爸生日那天，阳阳将一支钢笔送到爸爸手上；几个月后，妈妈在生日那天也收到了阳阳送的一条丝巾；阳阳则收到了爸爸妈妈的欣慰的笑容。

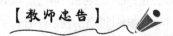

【教师忠告】

　　　懂得感恩，首先要懂得知恩，要让孩子理解父母的养育之恩、老师的教诲之恩、朋友的帮助之恩。当孩子感谢他人的善行时，第一反应就是自己也要这样做。这就给了孩子一个行为上的暗示，让他从小就知道关爱别人、帮助别人。

$\mathcal{P}$art 6 快乐童年，让孩子快乐地"玩"过小学

池塘边的榕树上，知了在声声地叫着夏天；操场边的秋千上，只有蝴蝶儿停在上面……这首《童年》，将人们带回到快乐多彩的年华。童年对于每个人只有一次。在最无忧无虑的年龄，多一点玩耍时间给孩子，多让他们多亲近一下大自然吧……

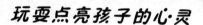

玩耍点亮孩子的心灵

美好的童年时光是短暂的，却是孩子未来生活最重要的能量来源，玩应该成为孩子这一时期的主要事情。会玩的孩子是快乐的，也是能干的。不管居住环境、家庭结构有怎样的变化，玩都不应该在孩子的世界消失。

玩是孩子的权利

好的父母不仅要教孩子怎么玩，更要陪孩子一块玩。在这个过程中，孩子会把家长当成自己的朋友，也就愿意敞开心扉和家长交流。这样的孩子就不会孤僻，相对来说性格就会开朗。

莹莹要升初中了，父母除了要求她学习外，根本不给她玩的时间，每天除了做题就是做题，莹莹都快崩溃了。相比较来说，小菲的情况要好很多，一般吃完晚饭，小菲都会和父母一起去外面打打球或者是画一会儿画。小菲做作业的时候，父母都会在她的身边，但不会去打扰她。我们知道，没有孩子不爱玩的，也没有孩子喜欢永远做题的。把这两者调节好，孩子才能健康地成长。

玩需要支持

玩帮助孩子认识世界，熟悉他人；玩告诉孩子学会合作；孩子在玩的过程中体验生活，感受快乐，克服困难，展示自我，锻炼体魄……没有玩耍的童年是不完整的，不会玩的孩子也是不幸福的。缺少玩伴、缺少机会、缺少时间，成为很多孩子玩不起来的羁绊。另一方面，过重的课业负担及家长的压力，又在一定程度上剥夺了孩子玩的权利。

孩子的玩性一定都是存在的，只是由于成长环境的影响渐渐泯灭了。这就好比原本一个会说话的孩子，由于长期处在没有语言的环境中，渐渐地就不会说话了。张先生夫妇和孩子姐姐每天都有"游戏时间"，有时打扑克，有时下棋。开始的时候，每次输牌，姐姐都不高兴，连输两次还会哭鼻子。这个时候，妈妈就会告诉姐姐要输得起，不要气馁。无形中姐姐经受了挫折的教育，另外，因为每天有"游戏时间"，姐姐做作业的效率明显提高了。

玩带给孩子快乐

四年级的小美，两年前性格内向、不爱说话、不会玩。后来小美的妈妈每周带她去参加各种集体活动，爬山、野营、徒步远行、烧烤、采摘……两年多的时间，小美像换了个人一样，活泼开朗了很多，也越来越爱玩了，并且小美的意志也变得坚强了。

给孩子玩的权利，让孩子在玩中获得快乐，这对孩子的心理发育非常重要。"击鼓传花"可以说是很传统的一个游戏，十几人或者几十人围成一桌，一人拿花，一人背众敲鼓。鼓开始敲的时候传花，鼓停花止。鼓声停时，花传到谁手里，谁就要表演节目，比如唱歌、跳舞、说笑话、猜谜语等。

源于春秋战国时期的拔河比赛，更是一个大众的游戏。在地上画一条直线为河界，由人数相等的两队在河界两侧分别执绳索的一端，听到口令，用力拉绳，以将对方拉出河界为胜。

通过参与这些集体游戏，可以让孩子学会合作和宽容，懂得竞争的重要性，理解合作是取得胜利的保证。

【教师忠告】

> 玩的时候，孩子非常放松，心情愉悦，这样的快乐使孩子的内心充满阳光，快乐的情绪会有助于孩子形成乐观豁达的性格。在纯真的童年，多添加一些快乐玩耍的元素，是孩子未来一笔无形的精神财富。

找到孩子的兴趣点

古人采用抓周的办法来预测孩子将来是干什么的：如果抓到笔，那就是做学问的；如果抓到剑，那就是习武的。家长捕捉孩子的兴趣点，也是希望了解孩子在哪方面有天赋。但兴趣点并不是说出现就出现的，还需要家长多做观察，在孩子广泛涉猎的过程中逐渐发现。

只是一种游戏

有人吉他弹得很好，但如果半年不弹，他的技巧一定会退步。同样，培养一份兴趣，也要不断熟悉它，让它成为生活的一部分。"三天打鱼，两天晒网"是一定不行的。

篮球明星姚明小时候，也和其他男孩子一样喜欢枪，大点之后喜欢看书，尤其爱看地理方面的书。有一段时间姚明还对考古产生了兴趣，再往后喜欢做航模，之后喜欢打游戏机。姚明真正对篮球有点兴趣，是在九岁的时候。到十二岁的时候，姚明才真正喜欢上篮球这项运动。当父母将姚明送到上海体育学院后，他每天都要打几个小时的篮球。因为住校，离家又比较远，这使得姚明有更多的时间打篮球，并且越发专注了。

如果孩子每天玩一小时电脑，没有设定一个目标的话，那是不会引出任何兴趣来的，只是在不断地重复一样的动作而已。相反，如果设定一个主题，有了深入的方向，不怕问题难，一点点地往前追，这就好像倒吃甘蔗般，滋味越来越甜。

孩子不能"被兴趣"

每到寒暑假，孩子的另一个"课堂"就出现了，特长班、兴趣班遍地开花，很多家长都领着孩子报名参加。二年级的小楠，最羡慕的就是她身边的小朋友是那么轻松自在，尽管别的小朋友也报兴趣班，但人家也就是一两个，而自己是一周七天，每天都要参加不同的特长培养。说到兴趣班，小楠直言，自己几乎都没有什么兴趣了。

有老师介绍，孩子多数对自然科学、体育锻炼等兴趣班比较感兴趣，对琴棋书画也能坚持一下，最使孩子们厌倦的就是奥数、英语等延伸性的学习辅导。本来该好好玩的，却连业余时间都要用在学习上。试想，已经满了的杯子还能盛水吗？强迫孩子按照家长的设想前进，这是家庭教育最大的误区。

课本题海之外的路

人生旅途上用的大部分知识是课本上没有教过的。课本上的知识是很有限的，因此家长要把孩子从课堂中带出去，去寻找课本题海之外的兴趣

点。有的家长一天到晚把孩子关在家里做作业，这在无形中把开发孩子各种潜能的大门都给关上了，只留下了一条路。从课本和题海中获得能力的路，不一定就是孩子最佳的成才之路。给孩子提供广泛的机会，孩子慢慢就会表现出他的最佳喜好。

另外，寻找志同道合的朋友也是很重要的。学校的一些社团，可以起到这样的作用。因此即使一个人对某种活动很感兴趣，也会有摇摆的时候，这时，朋友的鼓励与协助就会帮孩子跨过这个坎。如果朋友是比孩子还厉害的角色，对孩子的促进作用是更大的。

【教师忠告】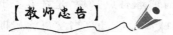

> 为了培养孩子的兴趣爱好，才有了兴趣班。如果孩子在学习的过程中感觉到的只是痛苦，也许孩子会有一时的收获，但从长远来看并没有益处；再有，有的孩子对某一项技能只是想尝试，远没有到感兴趣的地步，这时家长要做的是引导和观察。

有强健的体魄才有完整的人生

"左三圈，右三圈，脖子扭扭，屁股扭扭，早睡早起，咱们来做运动。抖抖手啊，抖抖脚啊，勤做深呼吸……"听着《健康歌》，一起来做运动吧。身体锻炼对每个人都很重要，对于成长阶段的孩子来说，其作用更不可小觑。

从小锻炼，受益无穷

锻炼使人体的肌肉更加强健，强健的肌肉能够给关节更好的支持，使人不易受伤。跳绳、游泳、跑步、骑自行车，以及单排轮滑，这些运动项目都能增强胳膊和腿部的肌肉。运动可以抑制大脑中杏仁核的活化，阻止负面情绪的出现，运动完的人情绪都很亢奋，不会忧郁。

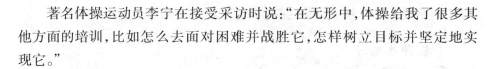

著名体操运动员李宁在接受采访时说："在无形中，体操给我了很多其他方面的培训，比如怎么去面对困难并战胜它，怎样树立目标并坚定地实现它。"

保持精力充沛

九岁的娜娜活泼开朗，从小热爱体育运动，不仅爱跑步，还爱打羽毛球，同时还是学校羽毛球队的成员。这还不算，娜娜说她最喜欢的运动项目是游泳，每个星期二和星期四她都会去游泳，很认真地学习和练习每个动作。因此，娜娜的身体素质非常好，连学校足球队的老师也很看好她。

俄罗斯领导人普京是个不折不扣的运动达人。十一岁时普京开始练习柔道。二十世纪七十年代中期，普京多次在大学生运动会柔道项目上获奖，还一度成为圣彼得堡市摔跤和柔道冠军。能与普京相媲美的运动达人可以说还真是不太多，他擅长的运动实在数不清，冰球、足球、羽毛球、骑马、潜水、滑雪、射击、开快艇、开飞机……几乎没有普京不会的。也基于此，使普京拥有旺盛的精力。

促使快乐因子增加

养成锻炼身体的习惯，对孩子是非常好的，最简单的活动方式就是跳绳了。跳绳并不需要太大的场地，所需用品就是一根绳子。跳绳对孩子骨骼生长有一定的刺激作用，能够改善骨骼的循环，刺激生长激素分泌。

通过体育锻炼，能够增强身体免疫能力，释放学习中的压力，宣泄存在的负面情绪，这些能够帮助孩子提高学习效率，使孩子更加自信，提升其在群体中的人气。运动还可以锻炼孩子的意志力，为将来走向社会做好准备。

自信心得以增强

自信对一个人的重要性不言而喻。作为家长，应该在孩子的学生时代就培养他的自信，这样有助于孩子的成长。很多家长不了解该如何增加孩子的自信心，很简单的方法便是让孩子多锻炼身体。

明明在作文中写道："有一回，我和表哥打乒乓球。我先发球，球马上跳过桌面，到了表哥面前。表哥一会儿反手接球，一会儿扣球，他变换的动作可真多。我眼睛瞪得大大的，左右移动着步子，手里不停地挥动着球拍，马不停蹄地扣着球。结果是，表哥被我'打'得落花流水。运动可以使我长高

长大，还锻炼身体。经常运动的我，不怎么生病，一般不感冒。"

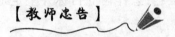

【教师忠告】

> 体育是一种理想化的奋斗模式。通过体育运动，锻炼了孩子的身体，磨炼了孩子的意志，塑造了孩子健康的个性。让我们都积极地加入到体育运动中来吧，在运动中我们能够获得健康，在运动中我们能够获得自信，享受快乐、健康的人生。

好人缘的孩子受欢迎

在一定程度上，人际交往的能力可以反映孩子性格上的优劣，性格好的孩子常常能与人很好地相处。良好的人际交往能力，对孩子未来发展会有很大的促进。

让孩子学习与陌生人说话

由于不存在百分百安全的社会治安，这使得很多家长会产生各种各样的畏惧心理，最终的表现是不让孩子与陌生人来往：有的害怕孩子单独外出会闯祸，于是会吓唬孩子，这使得孩子变得很胆小，不敢见生人；有的怕孩子受别人欺负、吃亏、学坏，认为把孩子关在家中更好些；也有的怕孩子与人接触会传染疾病，情愿让孩子自己待着。

事实上，只有与不安全的陌生人交往才是不安全的。家长应该为孩子创造外出活动及与人交往的条件，鼓励孩子和周围的小朋友玩耍，让孩子在与其他小伙伴的交往中自然地提高交往能力；还可以鼓励孩子和邻居打个招呼、问声好，和熟悉的、性情温和的、年龄稍大的小伙伴一起游戏，再慢慢过渡到去亲戚家串门、和小伙伴一起到公园玩耍等。

与其他小朋友礼尚往来

社交能力是一个人与生俱来的本能，并且有着一定的发展潜力。要想

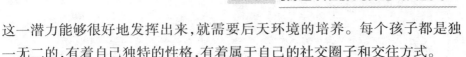

这一潜力能够很好地发挥出来，就需要后天环境的培养。每个孩子都是独一无二的，有着自己独特的性格，有着属于自己的社交圈子和交往方式。

居住格局的变化，使得现在许多人不太喜欢让别人来家里做客。一方面担心弄乱房间，另一方面也是戒备心理在起作用。对于邀请左邻右舍的小朋友到家里玩，很多家长是不大愿意的，最多就是让孩子在楼下玩会儿就得了。如果改变一下态度，就会给孩子们提供更多的时间玩耍，有助于孩子处理玩耍过程中可能产生的纠纷。

与此同时，与成人的交往相似，家长既可以鼓励孩子请其他小朋友来家里玩，也要鼓励孩子到别人家玩。为了避免给别人添麻烦，可以让孩子带些小礼物到小朋友家，这样不但周到礼貌，还能使孩子学会分享。

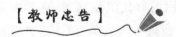 鼓励孩子多参加集体活动

现在家庭多为独生子女，孩子没有兄弟姐妹。在三口之家中，孩子每天面对的只有自己的父母，这就使得孩子与同龄人交往的机会有限。这对孩子的性格是不利的。因为同伴之间的交往是平等的，在与各种性格的孩子相处的过程中，能够帮助孩子更好地认识自我与他人的不同，培养孩子尊重自己、尊重他人、相互协作、相互服务的良好品质，帮助孩子学会辨别美丑、好坏等，这些都有助于孩子基本个性特征的形成。

家长要鼓励孩子多参加集体活动，比如打篮球、跳皮筋、参加合唱团等。多人参与的活动，能够增加孩子与人交流的机会，增加与同龄伙伴交往的时间。另外，旅游能扩展孩子的交往范围，多走多看会帮助孩子增加对异域文化及风俗的了解。

【教师忠告】

> 要注意的是，尽管良好的交往能力对孩子的健康成长非常重要，但家长朋友不要过分干涉孩子的交往方式。孩子都有自己的个性，交往能力的提高不只是表现在有多少个好朋友上。有的时候，即使是孩子自己独处，也可以是很好的一种生活方式。家长不要强行干涉孩子与人交往的方式，要懂得尊重孩子。

玩网游的是是非非

信息技术的飞速发展，让人们对网络的依赖越来越高。就连孩子们的游戏也变成了网络游戏。一个长期在网游里不肯出来的孩子，不禁让家长担忧。

打网游管不住

面对迷恋上游戏的孩子，多数家长表示很无奈："我孩子上网打游戏时，眼睛就盯着电脑，拉都拉不开。说几句，他就又吼又叫，还逃学，真不知该怎么办。"虽然政府对网吧进行了整治，禁止未成年人进入，可三年级的同同说："几乎每个同学家都装有宽带，而且现在手机也可以上网、聊天、玩小游戏都行。"

"孩子在家里上网，要比去游戏厅好很多。只是外部环境得到有效控制，可网络内部的环境，我们没法把握啊，"周周妈妈说，"在家的时候能盯住孩子只打游戏，我们不在家的时候怎么办？孩子上网打游戏，真是管不住。"

找到上瘾的内在原因

当今社会，电脑游戏已经成为孩子生活中不可缺少的部分。不管家长态度如何，孩子们都是要玩的。作为家长，只能正确地引导孩子。网游是孩子的最爱，又是父母的最恨。在家长看来，网游好比洪水猛兽，在吞噬着自己孩子美好的前程。因此，现代家庭中普遍在打一场战争：孩子想方设法躲避家长的管束去玩网游，家长千方百计地阻止孩子玩。

既然网游这么有魔力，它一定有着巨大的乐趣。对游戏有浓厚的兴趣与病态的"成瘾"，是两个不同的状态。很多事业和学业上有所成就的年轻人也喜欢玩网游，所以，并不是游戏本身有问题，而是孩子缺少自控力，从而使得事情变得糟糕；另外，一个孩子长期钻在游戏中不出来，以致成为一种病态的多数原因是：他认为游戏外的世界让他感到枯燥、不快或者自卑。

采取积极行动分散孩子的注意力

对网络游戏公允的认识，可以帮助家长更好地采取有效的途径转移孩子的注意力。家长要坦然接受玩网络游戏是孩子的一种娱乐方式，在孩子玩的过程中，不要使孩子内心有内疚感和负罪感，不要由于家长自身的态度激起孩子的逆反心理，那只会强化他继续玩的欲望。

丰富孩子的课外阅读，可以说是很好的办法。不管是成人还是孩子，对某一游戏病态的成瘾，都与内心空虚及道德堕落有关。在空虚的孩子的世界里，网络游戏就好似精神鸦片，基于此，可以通过阅读来冲淡对网络游戏的兴趣。

家长还应该让孩子学会自己管理自己。既然网游是孩子之间交流的一种重要方式，那不如训练孩子如何经营好他自己的时间。在完成功课后，可以让他做自己想做的事，适度地玩一玩，学会自制、自律。让孩子学会经营自己的时间，会使孩子一辈子受用。

选择内容健康的游戏

通过观察，我们发现玩网游的孩子都是直接以实战方式开始，没有阅读使用手册这样的过程。这种学习方式其实对有学习障碍的孩子来说，是很实用的教学方法。传统的教育理念，更多关注的是智育的发展，不注重个性的培养。可以说，这是有悖于人的差异性的。因为人天生各有所长，所以教育的目的应该有助于每个人的长处得到发挥，而不是将所有人塑造成一个样子。

玩网络游戏并不一定是坏事，需要注意的是，有些充满暴力、色情、赌博的游戏，是应该阻止孩子玩的。要给孩子正确的引导，让孩子选择那些内容健康的游戏。暴力与色情不是游戏的主要属性，就好比有的书籍也充满色情和暴力，但那不是书籍的主要属性。家长需要引导孩子玩健康益智的游戏，不能什么也不让孩子玩。

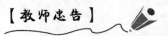

【教师忠告】

> 小学阶段是孩子打基础的关键时期,就玩网络游戏这一点来说,要有度有量,要注意防范孩子上瘾,一定要帮助孩子学会自己管理自己。如何利用孩子对网络游戏的喜好,来增强对学习兴趣的促进,这是家长需要引导的。

观看电视要科学选择

在电视已经非常普及的今天,小学生该怎样看电视,这不得不成为一个需要琢磨的问题。电视给人带来了欢笑的同时,也给很多家长带来了困扰。电视是一个虚拟的情景,有些电视节目会对孩子起到一定的示范作用,这也是需要科学地指导孩子看电视的原因。

孩子把电视当成了小伙伴

很多孩子特别喜欢看电视,就连吃饭的时候也端着碗在电视前边看边吃。当孩子赖在电视前不肯走的时候,很多家长会强行把电视关掉。这样做,应该说是通过权威的方式来硬性执行的。试想,让孩子闷闷不乐地回屋学习或者睡觉,就算他表面上离开了电视,心并没有离开。这样表面上顺从的结果,就是私底下叛逆。

丹丹是个电视迷,喜欢的那几个电视剧在哪几个台播,她都知道。她通常的状态是拿着遥控器,来回播。这个台演完了,换那个台。因此电视基本上就不会休息。通常是放学回家后,她把书包往床上一扔,就打开了电视,一边看电视,一边写作业,还连带吃东西。但家长回来后,她可不是这样的。丹丹都是看着时间,估计爸爸妈妈就要回来了,赶紧把电视关了,并用扇子给电视散散热。如果是周末,电视一天都不会关一下。如何指导孩子科学地看电视,看多少时间为宜,这是每个家长朋友都应该认真考虑的。

 **正确看电视**

现在的电视节目有很多是针对小学阶段孩子的，电视频道的细分使得孩子能够很容易锁定某一频道，比如科教频道或者青少频道等。电视就像一个有目录索引的课外书，点开这个台是动画片频道，点开那个台是体育频道……为了赢得更多的观众，电视节目有很多种，有娱乐节目、有时政新闻、有科技节目……适合小学阶段的孩子们看的也很多。适当地看电视，对孩子是有好处的。

就电视剧而言，经典的剧目对孩子各方面的影响都会是积极的，如四大名著经典剧目《西游记》等就是有益于孩子身心健康的，类似这样的剧目会受到孩子们的喜爱。

家长要适当引导

孩子长时间看电视，不仅会造成视觉疲劳、大脑疲劳，还会影响学业。坐在电视机前，无数的信息扑面而来，孩子基本上是处于被动接受状态，这就难以接触到真实的世界，逐渐变得被动和缺乏想象力。看电视入迷的孩子，难以体会读、写、做等有益活动的乐趣，思维比较迟缓。从身体情况来看，长时间看电视，会使孩子的运动量减少，易造成肥胖或者其他疾病。

对小学阶段的孩子来说，有选择性地看些科普节目，以及探索类的节目，都是有益的。所以，电视可以看，多看点有益的也是好的。并不是说多看电视就会影响孩子未来，毕竟在高科技的社会，能够接收信息的途径有很多。所以在决定孩子是不是该多看电视的问题上，站在孩子的角度考虑问题并适当引导，才是解决问题的基点。孩子有属于自己的世界，不要刻意去规划孩子该走的路线，那样反而会不利于他们的成长。

[教师忠告]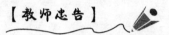

> 孩子的世界无小事，单就一个看电视，就包含很多的问题。就前文丹丹的例子来讲，这种情况下，作为家长，就要对孩子进行约束。同时，要关照到孩子的心理，找到问题的解决途径，看看孩子是因为没有小伙伴玩还是遇到了难题，要注意引导孩子走出电视的包围，回归正常的生活。

孩子都爱动画片

　　动画片是用图画表现艺术形象的一种美术影片。可以说，动画片首先是画，是美术作品；同时又是电影作品，是一种视听艺术。两者结合起来，使得动画片给人带来一种全新的视听满足。另外，动画片又具有极强的娱乐功能。这些因素对人们，尤其是孩子，会构成很强的吸引力。

动画片好比视觉交响乐

　　二十世纪二十年代，法国影评家埃利·福尔曾满含感情地预言："终有一天动画片会具有纵深感，造型高超，色彩有层次……会有德拉克洛瓦的心灵、鲁本斯的魅力、戈雅的激情、米开朗琪罗的活力。动画片作为一种视觉交响乐，比起最伟大音乐家所创造的有声交响乐来说，它着实更令人激动。"

　　优秀的动画片追求一种唯美主义，不仅背景画得细腻逼真，而且在深度感和层次感方面也都很好。我国经典动画片《小蝌蚪找妈妈》，采用了传统水墨画画法，在影片中，还加入了一幅幅齐白石的国画作品，给人很强的视觉冲击力和艺术感染力。

　　有孩子在作文中写道："非常喜欢看动画片《精灵世纪》，片尾曲也特别好听——月光把天空照亮，洒下一片光芒点缀海洋。每当流星从天而降，心中的梦想都随风飘扬……"

应该说，在动画片中，音乐是一种重要的电影语言，能够突出影片的抒情性、戏剧性和调节气氛的作用。

动画片激发孩子想象力

动画片表现出在现实生活中无法呈现出来的图像，能够最大限度地激发孩子的想象力。应该说，夸张和趣味是动画片的生命与灵魂。这就使得不仅孩子爱看动画片，很多成年人也爱看。

动画片具有很强的超越性，平时桌椅板凳不会说话，小鸟小羊也不会说话，但在动画片中都可以让他们开口。这些对孩子就形成了很强的吸引力。像《猫和老鼠》《大头儿子和小头爸爸》《大力水手》等这些经典动画片，不仅画面丰富、内容健康，而且风趣幽默、富有哲理。这对孩子性格的影响或形成，具有很大的作用。

徜徉在动画的世界里，孩子就会感觉到从未有过的心理满足感——可以像超人一样强大，像宇宙英雄奥特曼一样勇敢，像美少女一样漂亮美丽，像蓝猫一样无所不知。每个孩子都有梦想，在动画中，孩子喜欢哪个角色，就会希望自己像他一样，这会满足孩子的心理期望。

动画片给孩子带来快乐

孩子们在观看动画片的时候，往往是最轻松、愉快的。这是因为动画片是以娱乐为主的，没有说教，充分做到了寓教于乐。很多成功的动画片都有很强的娱乐性，或者幽默风趣，或者出奇制胜，或者朴实平缓，充满生活气息。

比如经典动画片《猫和老鼠》，在猫与老鼠斗智斗勇的过程中，充满了巧妙的构思，情节跳跃性非常强，有很多让人想象不到的情节设计。优秀的细节处理使得整部影片娱乐性十足。这部动画片在我国"本土化"的过程中，因为人们的喜欢，出现了河南方言版、四川方言版等不同版本。由此可见，动画片带来的影响力是多么强大。

在现实生活中，孩子是弱小的一方，在家里要听父母的，在学校要听老师的，每天都有这样那样的事情，可以说，每个孩子都有自己的压力。通过动画片诙谐幽默的语言、生动丰富的画面，能够使孩子缓解各种压力，找到快乐的源泉。

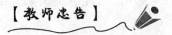

【教师忠告】

> 　　传扬真善美的优秀动画片，有助于孩子是非观念的形成，培养孩子良好的道德品质。动画片带给孩子一个无限神奇的世界，有趣又有爱。在轻松愉悦的氛围中，孩子既获得快乐，又能明白一些道理。

丰富多彩的假期生活

　　经过了一个学期的学习，孩子盼望的假期终于要到了。怎样让孩子过一个有意义的假期，这是很多家长首先要考虑的。对于孩子来讲，假期可以好好放松一下：不用早起，不用去学校，不用考试，可以好好玩。

假日是孩子放松期

　　对孩子而言，在假期里他们可以做很多事，比如和同学相约出外游玩、看电影，去同学家玩；书店、博物馆、科技馆、动物园等也是孩子可以去的地方，可以丰富课外知识，感受丰富多彩的生活氛围。假期作业也是孩子们假期生活的一部分，在轻松愉快的心情下，学习效率一定会很高。

　　在长达一个月或者两个月的假期里，家长可以积极引导孩子关注社会活动，拓展孩子的视野，带孩子积极地参与一些志愿活动，比如到敬老院看望孤寡老人、到儿童福利院和小朋友手拉手、关注贫困家庭、参加社区义工活动等。通过这些活动，在对比的过程中，使孩子懂得珍惜现在的幸福生活，增强孩子的爱心、同情心和社会责任感。

培养家庭责任感

　　晚上不睡、白天不起，起床后，不是待在电视机前，就是沉溺于网络游戏中，这是一些孩子假期中的表现。这样的行为习惯不能起到放松的作用，更重要的是会严重影响孩子的身心健康。在假期里，孩子绝大多数时间都与家人在一起。这时家长要适当分给孩子一部分家务活，让孩子参与到家庭事务中。比如，家长都去上班了，让孩子负责打扫室内卫生，安排孩子洗碗收拾厨房、到菜市场买菜等。

当孩子付诸行动时，家长要及时表扬与鼓励，让孩子感到参与家庭事务的快乐。同时，家长要起到榜样示范作用，规范自己的言行举止。

亲近社会生活

在条件许可的情况下，家长不妨把孩子带到自己单位看看，使孩子熟悉自己平时的工作环境，切身体会父母工作的艰辛；使孩子懂得勤俭节约，不乱花钱；使孩子学会尊重他人的劳动成果，懂得对父母感恩。总之，通过让孩子了解父母的工作，可以增加孩子对父母的理解。

有条件的家庭，可以带孩子出去旅行。通过旅行增长孩子的见闻，缓解孩子学习的压力，开阔孩子的眼界，增加对大自然的热爱。在旅行中，还可以促进家长与孩子的沟通，增进家长与孩子的情感距离，享受温馨的家庭氛围。

培养兴趣，弥补不足

利用寒暑假难得的时机，可以培养孩子的兴趣爱好，比如书法、舞蹈、音乐等。当然，这要以尊重孩子的意愿为前提。家长不能自作主张、盲目跟风——别人孩子学什么，自己孩子就要学什么。要真切地从孩子的兴趣点出发，如果孩子不喜欢、不感兴趣，就不要过分强求，以免让孩子产生抵触情绪。

弥补前一学期学习不足的地方，也是可以纳入到假期学习的计划中的。这样，新学期开学时，孩子学习起来也比较轻松，就不会跟不上。

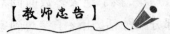

> 对于孩子的假期生活，家长要从多角度考虑，通过理性的思考，从孩子心理情绪的感受、孩子的个性特点来教育和引导孩子。不管安排怎样的活动，都是希望让孩子的假期能够被充分利用起来，感受家庭和社会的亲情和友爱，感受学校之外的世界，在快乐中增长见识。

大自然是所大学校

人类从诞生的那天起，就与大自然相偎相依、共生共存。生命所需的食物、衣服都来源于大自然，生命的始终都归于大自然。著名新闻记者、出版家邹韬奋在《抗战以来》一书中就写道："我常把大自然当作一个大学校看，认为我们每一个人的一生都在学习的过程中。"

💡 一花一世界

大自然是一个包含各种生态系统的地方，有动物、植物、细菌和真菌等各种生物。大自然中有光、水、火、风、雷、土，对这些东西的平衡进行着控制。三年级的明明在日记中这样写着："要下雨了，天上阴云密布，电闪雷鸣，地上的蚂蚁在匆忙地工作着，空中的飞鸟不见了，路上的行人躲起来。连水中的鱼儿也伸出水面，似乎在告诉人们：快回家吧，要下雨了。"

"一粒沙里藏着一个世界，一滴水里拥有一片海洋，所有的树叶并没有不同，整个大地是一朵花。"这是格鲁吉亚诗人聂鲁达的诗歌《统一》。很小的一件东西里，也可能隐藏着很大的一个道理；很平凡的一件事情，可能隐藏着大智慧。

亲近大自然

春有百花秋有月，夏有凉风冬有雪。大自然的绚美在于它是在不断变化中的。"小草偷偷地从土里钻出来，嫩嫩的，绿绿的。园子里，田野里，瞧去，一大片一大片满是的。"这是朱自清在他的代表作《春》中关于小草的描写。

带孩子到大自然中，看看草长莺飞、花开花落；听听风声、雨声和虫鸣声；在阳光下抬头看看天上云朵的变化；在天黑的夜晚看看天上的星星……这会柔软孩子的心灵，让孩子暂时从课业的负担中摆脱出来。

慧慧和爸爸妈妈一块去郊外玩。过了很久，慧慧忽然说："妈妈，那有一颗绿色的果实。"原来，在一个被忽略的角落有一个绿色的果实躺在地上。尽管周围喊叫声、嬉笑声不绝于耳，但丝毫没有影响慧慧趴在地上盯着那颗果实看，似乎那些声音只是从她耳边飘过，她的眼里只有那颗绿色的果实。

懂得爱护自然

天鹅悠闲地在水中游荡，灰鹤高亢嘹亮地鸣叫、大雁列队从天空飞过，大鸨在安详地取食……野鸭湖湿地公园，这和谐美丽的画卷，吸引了无数游客，欢欢一家也在其中。和众多观鸟爱好者一样，欢欢一家特地来这美丽的自然保护区观看鸟类。野鸭在芦苇荡中穿行，苍鹭和鹤类结群在水边觅食，鸥类在空中飞舞，形成了另一种景色。

回去的路上，欢欢问爸爸："自然保护区就是为了保护这些鸟的吗？"爸爸告诉她："自然保护区有很多种，我们看到的只是鸟类的一种保护区。除此之外，还有动物保护区、水资源保护区，等等。自然界的美景使人心旷神怡，处在这样的美景中能够使人精神焕发，燃起生活的热情。大自然是人类健康、灵感和创作的源泉。"之后，爸爸又说："所以，我们要保护美好的自然家园，对不对？"欢欢使劲点点头。

·人类要和大自然和平相处，从小树立孩子懂得保护大自然的意识，是大人们义不容辞的责任。

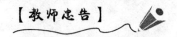

【教师忠告】

> 　　身处在都市丛林中的人们，可以在阳台上种植一些简单的植物，比如栽种绿豆芽，并记录豆芽的生长情况。也可以让孩子饲养宠物，如果空间允许，猫狗都可以养，若受空间所限，就可以养小乌龟或者小鱼，这些宠物都会让孩子的心灵有些寄托。让孩子学习自己照顾动植物，也会让他体会到生命成长的可贵。

与动物友善相处

　　对动物的喜爱是每个孩子的天性。动物是有血有肉的生命，有知觉、有感情，需要人类的呵护。作为家长，要使孩子懂得与动物相处、交流的要点。培养孩子的爱心是家长的责任，树立孩子保护人类共同家园的常识。

蒂皮的野生动物朋友

　　阿兰·德格雷先生，法国著名野生动物摄影家，永远记得 1955 年一位美洲印第安酋长的话："让人成为动物吧！也许以后的某一天，在动物身上发生的所有事，也会在人类身上发生。但无论发生什么，我们都是地球的子女。"

　　说到这些的时候，一定要提到一本书，那就是《我的野生动物朋友》。阿兰·德格雷先生是此书作者蒂皮的父亲。十二岁的蒂皮过着完全在"城市定式"之外的生活。蒂皮和狒狒做朋友，与鸵鸟共舞，危险的豹子也尝试着与她接触，她用眼睛和动物交流，她会和动物说话。

　　蒂皮天真大胆，喜欢冒险。对于野生动物，她的体会是，绝不要害怕，但要永远小心。蒂皮认为动物世界复杂得很，害怕没有用。动物从来不凶恶，但是很好斗。对待野生动物要尊重它、爱护它、理解它，这样做的时候就能从动物那里得到回报。蒂皮不想让人类再屠杀野生动物。

🐾 有灵性的小动物

和人类一样，小动物也是充满了灵性的。忠实的狗狗就更是如此了，它能猜到对方是友善的还是充满挑衅的，能判断主人今天是否开心，狗狗高兴的时候也会撒娇。如果你出门，一定会在不远处看到身后自家的狗狗，想要你带上它一起走。

小学二年级的莹莹有一只小兔子，她在日记中写道："小白兔到我家两天了，是爸爸给我的礼物。它的毛是白色的，摸上去毛茸茸的，很柔软。红红的眼睛，一张三瓣嘴。我送给它一片白菜叶，它看看我，好像在说：'谢谢你给我食物。'然后小白兔就会用鼻子闻一闻，开始狼吞虎咽地吃起来，不一会儿，它就吃完了。为了更好地照顾我的小白兔，我变得比以前能干多了，每天要为它准备吃的，虽然有点累，但很高兴。"

【教师忠告】

万物有灵、众生平等，在与动物友善相处的过程中，不但会增强孩子的爱心，而且也树立了孩子爱护动物、保护人类共同家园的理念。但要注意的是，养小动物的家庭要做好各种防疫工作，注意环境卫生，以免小动物身上的病毒传给家人。如果是楼房，要保持屋内空气流通。

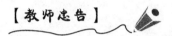

亲近田园，滋润心灵

很多远离农业劳动的城市孩子，不认识农作物，不了解食物是怎么长成的。在这些孩子的意识中，东西没有了就去买，想要什么超市里都有。随着工业化和商品化不断深入，我们在远离土地的过程中，是不是也丢掉了很多作为人最基本的体悟？

一分耕耘，一分收获

作家韩少功在散文《土地》中有这样的记述："吃着自己种出来的瓜菜，觉得它们每一样都有来历，每一样都有故事。什么时候下的种，什么时候发的芽，什么时候开的花……往事历历在目。"

小慧家是农村的，从小和父母一起到田里干活。小慧说是去干活，其实大部分时间只是在地里玩。随着年龄的增长，小慧逐渐会帮父母做些力所能及的事。春天要赶着播种，秋天要赶着收割，夏天浇地、锄草、打药，冬天修剪树枝等。一年到头，都有事情要做。小慧妈妈常说："只有好好伺候土地，它才会长出粮食。"

我们熟知的农历二十四节气，就是用来根据季节的变化，从事相应的农事活动的，可以说直接影响着千家万户的衣食住行。它是我国古代农业文明的具体表现，"夏满芒夏暑相连"中的"芒"就是指麦类等有芒作物成熟的时节到了。

黄豆长在地里还是树上

"黄豆是长在地里的，还是结在树上？"面对老师的提问，这些已经四年级的孩子都在那摇头。也有的随口说："黄豆在树上的，黄豆很干净，不可能长在地里。"接着有其他小朋友回应："经过分析，我同意你说的，因为黄豆上没有泥巴。""不是长在地里，但长在树上应该也不对。""就是长在树上的，黄豆和小酸枣差不多大。"孩子们还在七嘴八舌地继续讨论，正在看书的您有着怎样的感受？

扛起锄头、铁锹和铁耙，让孩子认识农作物，体会劳动的艰辛和光荣吧。小学低年级的孩子主要是观察农作物、认识农作物的种类；中年级要观察农作物的生长规律，了解简单的播种方法；高年级的孩子应该参与到种植中。通过这样的方式。让孩子观察植物发芽、生长、开花、结果等生长过程及变化，可以弥补孩子对农作物缺乏了解的不足。

体味农活的酸甜苦辣

现在人们与土地的接触很少，在钢筋水泥的高楼大厦中，各自为着前程匆匆忙忙地奔波着。在这种大环境下，孩子们也被裹挟其中。没有泥土滋养的心灵，多少会有些缺失，或者是浮躁，或者是没耐心，或者是愤世嫉俗……

"在奶奶家的那段时间，我真切体会到了农活的艰辛。春天要锄地，我拿起锄头干了没多会儿，两手就酸疼酸疼。还没到正午，太阳已经升得老高，依然要顶着烈日下劳动。如果没有一点吃苦的精神，那真是会一点儿收成都没有。懂得了种地，很多道理都会明白。但所有的这一切都是值得的，秋天就会有收成，那是农民伯伯最累也最开心的季节。"

小娟就这样自顾自地说着，如果不去打断她，不知她会说多久。孩子走进田园，体味农活的辛苦，对土地就会充满了敬意，就会在内心深处收获着一份来自大地的感动。

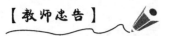

【教师忠告】

> 　　几千年的农业文明，造就了很多关于农业的文化，比如"一年之计在于春""春雨贵如油"等。如果对农业生产一点不了解，孩子在学习上也会存在一定的障碍，不能很深入地体会其中的意境。亲近田园、亲近土地的过程，也是滋润孩子心灵的过程。

Part 7 了解教师，学会与孩子的
老师高效沟通

　　有很多名人在回忆往事时，总会提起学习生涯中的某位老师。也许老师的一句话，就改变了孩子的人生观；也许老师的一个眼神，就给予了孩子巨大的动力。当孩子站在人生的起点，当孩子开始了小学生涯，老师就在孩子的人生中扮演着越来越重要的角色。作为家长，了解与老师沟通的诸多事宜，寻找合适的时机与老师进行交谈，这些都显得尤为重要。

进入小学，帮助孩子融入新学校

新学期开学，不少新生离开家，来到新学校。面对新的环境、新的老师、新的同学，孩子感到很陌生，一时间就会产生害怕、恐惧的心理。甚至有的孩子，来了就闹着要走。面对新的环境，家长应该如何让孩子顺利地融入新的校园生活呢？

做好心理准备

从幼儿园进入小学，是孩子身心发展的一次重大转折。对孩子和家长来说，都是一次考验。在开学前，新生家长要加强培养孩子生活自理的能力，有意识地让孩子做些力所能及的事，比如整理自己的物品。另外，在与孩子的聊天中，家长要有意识地向孩子描述一下校园生活，如可以认识更多的小朋友、学到更多的知识，让孩子感到"成为一名小学生无比光荣"。

除此之外，在一个轻松氛围下，家长可以提前带孩子熟悉校园环境。领着孩子在即将入学的小学转一转，告诉孩子哪里是厕所、哪里是教室、哪里是自己的班级、上课的形式是怎样的、会有哪些课程；还可以向孩子讲一些自己上小学时的趣事，鼓励孩子积极参与班级活动，主动结交两三个好朋友。如果老师在的话，可以给孩子介绍一下，这样有一个初步的印象，第二次再来的时候，孩子就会好很多。

和老师进行良好的沟通

在新环境下，孩子会出现很多不适应的现象，比如死活不去上学。面对这些情况，家长一定不要着急，要帮助孩子融入新环境。家长要让孩子有安全感，可以跟孩子说："遇到什么困难不要害怕，要告诉爸爸妈妈。"最开始的一段时间，家长最好能按时接送孩子，不要让孩子第一天就等很长时间，这无形中加大孩子的恐慌感。通过有针对性地疏导，孩子就能很快地适应新生活。

家长把孩子送到学校，很多情况自己不太了解，孩子有了什么问题，自己并不能及时赶到。这就需要家长和老师沟通好，这样会给孩子很大的心理安慰。可以告诉孩子，在学校有什么事情，可以去找老师，老师会帮助你。

同时,和老师做好沟通,老师也会及时向家长反馈孩子的情况。

学会自我介绍

第一次到别人家做客,在坐下之前,通常双方也会彼此介绍一下,然后才开始进入正题。孩子也是一样,进入新的环境,首先要做的是熟悉环境,其中最重要的是熟悉班里的同学。开学第一天,从容地走到讲台前,面对新的老师和新的同学,向大家介绍自己,这是新生开学必不可少的一课。家长可以让孩子在家模拟一下,这样可以缓解孩子的紧张情绪。

家长可以教给孩子一些初次见面的沟通方式,比如怎样开头、说什么。有了这样一个基本的谈资后,就不会出现孩子不敢上讲台,或者站在讲台上什么也说不来的情况。不要过度夸大难度,使孩子没有尝试的信心。可以这样告诉孩子:当你站到讲台上时,就是好样的。通过这样的鼓励方式,才能帮助孩子树立自信。

【教师忠告】

> 成为一名小学生,是孩子成长过程中的一个重要阶段。刚到一个新环境,加上孩子年龄又小,总会有这样那样的不适应,家长朋友要多一些耐心。

家长要主动与老师沟通

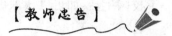

现在多数家庭只有一个孩子,父母对孩子照顾并教育的时间相对充裕。相比之下,一名老师在学校教一个或几个班,至少要有几十个学生,这就使得老师日常的学习生活中,无法对每个学生都无微不至地关照好。

为了与孩子同行

家长和老师共同掌握孩子的心理变化及行为表现,有利于及时发现问题，并有针对性地解决。如果家长和老师长时间不沟通就容易形成漏洞，可能会导致难以补救的后果。在学校孩子出了什么情况或有什么变化，老师一般会主动打电话跟家长沟通。但老师不可能隔三岔五地给每个孩子家长打电话，那是很不现实的。

有的人认为，教育孩子那是老师应该负的责任，但要知道，每一位老师在管理几十个学生，随时向每位家长汇报孩子的学习状态及学习成绩，并不是很容易的事。相对来说，家长抽时间到学校去一趟，或者给老师打个电话，这样的交流方式是老师比较欢迎的。

与老师打电话交流

一般而言，在学校里孩子不出什么状况，老师是比较少和家长打电话的。也不是说家长不打电话来，老师就会放任不管，只是教育孩子是家长和老师共同的责任，由于老师管理的学生太多，不可能事无巨细地与每一位家长交流。相反，如果家长积极主动地向老师了解孩子的情况，就会容易得多。家长多与老师沟通，老师会觉得家长很重视孩子的教育，对孩子也会格外注意，从而形成了良好的促进作用。

有一位孩子的母亲非常重视这一点，每隔一段时间就会打电话来问孩子的情况，老师一般都会详细告知。在家庭和学校的共同努力下，这个孩子的成绩提高得很快，老师对孩子的要求也比较高，家长非常高兴。可见，孩子的进步是老师和家长共同重视的结果。如果更多的家长能够重视孩子的学习问题，多与老师联系，家校联合，孩子怎么能不进步呢？

家长要适时"校访"

培养孩子是个大事，不是说把孩子交到学校，家长就可以完全不管了。我们总听到老师去"家访"，对家长"校访"要听得少些，能这样做的家长更是少。其实，为了更好地了解孩子在学校的情况，只要能够安排出时间，家长大可到学校走一趟。

小学阶段的孩子年龄小、阅历浅、自控能力差，常常一件小事甚至别人一句不中听的话就会使他们的情绪发生异常。多数孩子能很快平静下来，但仍有不少孩子的异常情绪会持续很久，这就会对孩子的思想、学习等造成很大的负面影响，甚至会让孩子做出离谱的事情。所以当孩子的情绪有异常表现时，比如莫名其妙地哭泣、脾气突然很暴躁，家长就要适时地"校访"。

【教师忠告】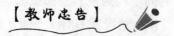

> 能主动与老师交流的家长并不多，毕竟家长也都有自己的事情。但如果家长可以抽点时间与老师沟通一下，效果还是很好的。除了孩子出现情绪异常时家长要"校访"外，长时间外出的家长在出门前和回来后进行一次"校访"也是非常有必要的。因为这无形中提高了孩子对自己的要求，增强了孩子的自控能力。

家长和老师有成见不利于孩子的成长

到了法定年龄，孩子就会进入学校接受正规的教育。但作为父母并不是没事了，而是仍然要关心孩子的学习生活，积极配合老师的教育，这样才能事半功倍。孩子的教育不是光靠学校或家庭单方面完成的，两方面共同努力，教育才会更有成效。

了解老师的教学理念

一个人做事有一个人的方法，老师也是一样，不同的老师有不同的教学理念。作为家长，只有了解了老师的教育理念，才能在家庭教育中有针对性地采取措施，给予孩子相应的辅导，也就是要和老师形成互补，即老师没做到的，家长把它做到。

因为目前的考试制度依然是以分数定乾坤，很多老师只重分数而忽略其他，这也是应试教育下的无奈之举。很多家长会心生不满，怎么能对孩子这么不负责任？作为家长，与其挑剔和指责老师的不足，不如多费点心思，弥补老师课堂教学的缺失，为孩子今后的成长铺平道路。如果老师只重分数而轻其他，那么在家里就要重视孩子各方面能力的培养，并帮孩子减压。

冷静对待老师对孩子的批评

现在的孩子都是家里的小宝贝,家人的娇宠使孩子受不了一点儿委屈;另一方面,有些家长也会觉得自己的孩子很好,对老师的批评会有些微词,并且不当回事。这样两方面的原因,就会使老师没法去管孩子。但有一点需要注意的是:作为成长中的孩子,身上总会有这样那样的问题的,老师也一定是本着负责的态度向家长反映孩子的问题的。如果家长觉得老师提的意见不顺耳,只当耳旁风的话,那最后受害的是孩子。

有的孩子在受到老师批评后,就会向家长说老师一大堆不是,觉得自己委屈。这个时候,家长要先冷静地分析一下孩子是否存在那些问题,而不是马上去埋怨老师、怪罪老师。如果确实如此,家长首先要肯定老师的批评,并及时和老师沟通和商量,以便纠正孩子的问题;如果孩子存在的问题并没有老师说的那么严重,这时候也要和老师沟通一下,看看到底是什么原因、发生了什么事。

不要害怕被老师"召见"

在现实生活中,不少家长因为工作或生活的不顺心,或者是受个人观念的影响,不是特别积极地配合老师的工作。接到老师的"投诉"电话,有的家长觉得很烦,就会不爱听,回头骂一遍孩子完事。但这样的效果不是特别好。家长不要头疼老师的批评或者建议,要冷静地思考,与老师共同把孩子教育好。

当接到老师的电话,或者被老师要求到学校时,家长的第一反应是孩子又犯什么错了。这时,家长想的十有八九不是好事。其实,很多老师除了会和家长就孩子在学校的问题沟通外,还会与家长沟通关于孩子今后的发展、在不同时期的学习状况,以及老师发现孩子某方面的突出之处等问等。应该说,能这样做的老师还是很认真负责的,家长不要担心又是孩子闯祸了。

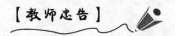

> 如果家长对老师存在成见，可以想象孩子也会对老师心存芥蒂。如此恶性循环，就会对孩子的学习兴趣造成影响，孩子怎么能学得好，怎么可能优秀。家长有什么问题的话，就和老师进行沟通，就是不满也要去交流一下，消除误解，为孩子创建良好的学习软环境。

家长与老师沟通时要平等

在与老师打交道的过程中，家长常常有很多复杂的心理。总体来说，家长好似是处于弱势地位的一方。家长常说"孩子交给您了，您费心了"，也或者抱怨"拿这孩子真没办法"……不管怎样，老师和家长在共同完成教育孩子的使命，家长需要有积极的心态。

家长并不矮半截

在面对老师时，很多家长心态比较复杂。这主要是由于家长会自觉把自己放在比老师矮一截的地位，实际上这是家长不懂得教育的缘故。也就是说，当你对自己所担负的工作感到一头雾水、没有头绪的时候，就会觉得底气不足。在这种心理下，当家长与老师交流的时候，主动权就处在老师手里，常常是老师说什么家长就听什么，家长很少能想到这是互动的交流，自己也需要跟老师谈点什么。

这样说，不是要求每个家长都变成教育专家，而是要关注自己的孩子，及时发现孩子的问题，和老师一起将可能阻碍孩子优秀发展的不利因素都排除在外。这样，家长就不只是单纯地当听众，而是能够对老师要谈的内容有一个大致的猜测，能够提出对孩子的教育有价值的意见。毕竟家长是孩子最亲近的人，孩子的任何异样表现家长都能看到，对孩子的脾气秉性，家长了如指掌。在这样的情况下，孩子有问题，家长和老师碰碰头，就能找出解决问题的方法。

 家长的学习探讨心态

说到和老师沟通，有些家长喜欢道听途说。比如有的家长评价老师如何如何，其他家长就会轻言听信，甚至会搭腔两句，这样一来对老师的评价就会有失偏颇。家长还是需要自己了解情况，有什么问题和老师去沟通。

在一定程度上，教育孩子也是家长接受再教育的过程。不同时期的孩子都有这样那样的问题，家长应该加强家庭专业知识的学习和积累，完善自己这方面的不足。相对来说，由于老师工作在教育第一线，所以家长要抱着学习探讨的心态同老师进行有效的沟通。

针对孩子的表现，如果家长能够以专业的口吻、坦率的话语和老师交流，老师肯定会对你敬佩有加，因为从这方面来说，你超出普通家长很多。老师也是非常喜欢与有教养、懂孩子心理的家长沟通，这样对孩子是非常有利的，使孩子始终处于健康阳光的成长环境中。

家长要有平和心态

每个孩子都有很多面，在与老师沟通的过程中，家长既要说出孩子的优点，也要指出孩子存在的不足。有些家长在老师面前总是说孩子这不行、那不行，这样的暗示同样也会使老师对孩子无形中生出几分不好的印象；相反，另一些家长在老师面前总是夸孩子这也好、那也好，这样也会使老师感到家长过于溺爱孩子。

在孩子的教育问题上，用心的家长可以说做足了功课，孩子这段时间哪些地方进步了、存在哪些不足，都会清清楚楚地记录下来。在与老师交流的时候，把这些一说，再结合老师看到的情况，相互一融合，就能够看到哪些是需要老师帮助注意的，哪些是需要家长自己解决的，哪些是值得欣喜的。这样，家长就不会不知跟老师说什么，而且自己对孩子的情况也会非常清楚，不会感到不踏实。

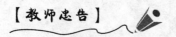

【教师忠告】

> 能够与老师坦诚交流孩子问题的家长，是非常负责任的。但也有的家长非常着急，想让孩子马上怎样怎样，达到怎样怎样，这样急功近利的心态是不可取的。无论想取得什么成绩，都需要不断努力，并且是多方面合力的结果。

找老师沟通的途径

与老师进行有效的沟通，家长要掌握好适当的时机，切忌盲目行动，否则会无功而返，没有多大效果。比如课间休息的时候，有家长来学校找老师了解孩子的学习情况，在下一节还有课的情况下，老师可能只会敷衍了事，家长等于是白来一趟。

课余时间可以考虑

要找老师沟通，最重要的是要在老师有空的时候。如果要去学校，可以先给老师打电话问一下什么时候有空。这样就不会出现"扑空"的情况。要了解老师什么时候有空的办法，那就先了解下老师什么时候有课。每天孩子都会有很多课，数学、语文、美术……家长看看孩子的课程表，就可以知道上午第一节是数学课，如果要找数学老师，那就要错开那个时间。

一门任课老师不止带一个班，最好的办法就是事先了解一下相关老师的空闲时间。这样不会让老师为难，也不会给自己带来不便。因为如果是课间的话，老师跟家长说多了，会耽误孩子们上课的时间；跟家长说少了，又让家长感到老师在敷衍。很明显，课间不是家长与老师沟通的有利时机。

充分利用家长会

家长会的组织者是老师，参加者是孩子的家长。通常老师都会先说说孩子们在学校期间的情况，这之后就要由家长们发言。这也就是家长朋友

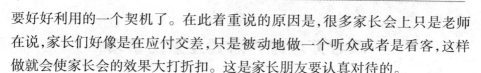

要好好利用的一个契机了。在此着重说的原因是，很多家长会上只是老师在说，家长们好像是在应付交差，只是被动地做一个听众或者是看客，这样做就会使家长会的效果大打折扣。这是家长朋友要认真对待的。

另外，在召开家长会前，老师都会做充分的准备工作，对每个孩子的情况都会有充分的总结，同时对家长可能提到的问题也都会有充分的考虑。所以在家长会前，老师非常忙，要做这些前期的工作，这个时间找老师了解孩子的情况是不合适的。相对来说，家长也要按时总结孩子的情况。到家长会的时候，就不会没有话说，或者没有头绪、丢三落四。

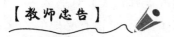 节假日也可以利用

工作了一周，节假日是老师休息的时间，很多家长会有这样的顾虑，不好意思去打扰老师。的确，每个人都想要好好休息一下，老师也有很多自己的事情要处理。但如果找不到更合适的时间，真心想利用节假日和老师好好谈谈自己孩子的问题，那也不要感到不好意思。因为老师的职责是教书育人，只要家长能主动找到老师，老师还是很乐意和家长好好沟通的。

在这个过程中，家长可以先给老师发个短信、打个电话，跟老师约个时间，在不受时间限制的交流中，常常可以达到极佳的状态。有一位家长就诉说了自己曾经的沟通经验：一般周末或者节假日的时候，我都会给孩子的班主任打电话或者发短信问声好。如果老师当天正好没什么事，我就会亲自登门造访，和老师进一步交流。通过这样的交流，我对孩子的学习情况很清楚，在家里也能够很好地帮到孩子。

【教师忠告】

正所谓世上无难事，只怕有心人。现在科技手段这么发达，除了上述几个途径外，家长还可以用发邮件、微博留言等方式与老师沟通。同时，家长要注意总结并留心观察，将问题记下来，解决后及时总结，慢慢就会积累很多经验。

和老师沟通时需要注意的事项

与老师交流自己孩子的问题，对于家长来说，是非常重要的事。孩子是家长的希望，是一家人的小宝贝。无论自己多么疼爱孩子，或者是孩子在自己眼里有多少缺点，都会透过老师加深对孩子的认识，这会帮助家长很好地引导孩子。

要注意基本礼节

在与老师交流的时候，家长要注意自己的着装、谈吐、礼节等，这些外在的形象会体现一个人的气质。如果家长着装得体、谈吐从容自信、礼节把握到位，会给老师留下非常好的印象。带着这样良好的形象与老师沟通的时候，相信无论从沟通氛围还是沟通内容来说，都是非常融洽并且愉快的。

有些家长和老师交流的时候不注意细节，着装很随意，谈吐缺乏自信，表达上语无伦次，要么不知该问什么，要么点头哈腰，要么不注意礼节等。这样的举止形象很容易引起老师的反感，让家长失去与老师建立良好沟通关系的机会。如果家长朋友细心观察，就会发现在谈吐礼节方面，老师们大都比较尊重家长。

肯定老师对孩子付出的辛劳

一对父母教育一个孩子就很累了，更何况老师每天面对那么多孩子、处理那么多问题。所以，肯定老师对孩子付出的辛劳是很有必要的。这不仅是对老师的尊重，同时也是对老师工作的理解。这样的家长，是很受老师欢迎的。

不管家长的社会地位比老师高还是低，不管在教育心得上比老师多还是少，沟通的前提都是要首先对老师给予肯定与尊重。在这样一个基础上，与老师交流孩子的学习情况时，才会比较顺利，双方之间不存在其他外在因素的影响，这对探讨孩子的问题是非常有利的。

另外，如果第一次不知道和老师说什么，可以找其他家长了解下，集思广益，针对自己的孩子再好好想想，这样就比较有思路了。也可以约几个家长一起和老师交谈，从侧面观察其他家长是怎样和老师交流的，了解老师的个性特点,通过借鉴提高自己与老师的沟通能力。

不要让孩子知道

家长去找老师,只是想和老师互通下孩子的信息,共同把孩子教育好。但从孩子那一面来讲,可不是这样。孩子认为家长时刻都应该跟自己站在一起。因此,家长的做法在一些孩子眼里是不能接受的,孩子会觉得他们背叛了自己,去向老师"告密",孩子的心里会产生疙瘩,这会影响他的学习状态,可能还会影响他的成长。一位家长说道:"孩子特别害怕我去学校找他们老师,每次我说要去学校,他都想方设法地阻止我,后来,我就不让他知道了。"

小学阶段的孩子虽然年龄还小,但也已经具备了一定的自尊、自我的意识。孩子会觉得家长向老师说自己的坏话,即便是优秀的孩子,也会对家长与老师的见面感到七上八下,担心自己的缺点会无处藏身,感觉被看穿,孩子心里会很恐慌。

【教师忠告】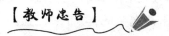

作为孩子成长路上的领路人,老师有着很重要的作用。在本着互相尊重的基础上,如果每一位家长都能和老师成为好朋友,让孩子喜欢上自己的老师,这会使孩子在成长路上少走很多弯路。

家长要扮演好沟通者的角色

孩子每天不是在家里,就是在学校,所以接触最多的就是家长和老师。家长是孩子与老师联系的桥梁,那么家长很重要的任务就是维持老师与孩子之间的关系,发现问题要及时和老师沟通,形成合力去解决。

请老师多提问孩子

在上课的时候，老师经常会提出一些问题。有的时候老师请学生举手示意，有的时候老师直接叫某个学生回答。一堂课的时间有限，老师不能照顾到所有的孩子。大多数情况下，在课堂上老师所关注的多是思维反应特别快和理解能力弱的孩子，成绩中等的孩子容易被老师忽视。

在课堂上经常被老师叫起来回答问题，会很大地激发孩子的成就感和自信心。小学阶段的孩子，已经具备了极强的表现欲望。每个孩子都希望被老师关注，如果经常被老师无视，孩子的积极性会被挫败，就会出现成绩下降、厌学等问题。请老师多给孩子提问机会的同时，家长也要告诉孩子，课上时间有限，老师要兼顾所有学生，不可能只提问你一个人，让孩子心里明白不提问他的原因。

请老师多鼓励孩子

小学阶段的孩子，对老师都怀着很强的敬畏心理，在孩子们眼中，老师就是权威，能够得到老师的肯定和夸奖，是非常光荣的，会带来很强的自豪感。在这种感受的促进下，孩子就会很自然地往更好、更优秀的方向努力。

经常受老师鼓励的孩子，学习积极性很高，进步很快，能够取得优异的成绩；相反，被老师忽视的孩子，学习积极性不强，学习的动力也不足。有一个小女孩，上课时很不自信，总是不自觉地低下头。老师注意到这个情况后，给她提一些简单的问题，并用鼓励的目光看着她，之后给她肯定和夸奖。慢慢地，这个小女孩变得自信起来，也越来越活跃了。

告诉孩子老师对他的肯定

孩子在学校里的情况，老师要比家长清楚。家长在得知孩子的一些情况后，要注意将老师对他的肯定告诉他，比如懂礼貌、关爱班集体、认真听讲等。这样说，是由于很多家长只一味地强调老师对孩子不足的评价，这样就会使孩子感到非常自卑，并且对这个老师有很强的抵触心理。

孩子在反复听到老师对自己不好的评价后，对老师会有很强的芥蒂心理，心想：反正老师讨厌我，我想怎样就怎样吧。这样孩子在上课的时候就不会很认真，听课质量就会下降。家长在孩子耳边反复重复其不足，会打击孩子学习的积极性，影响孩子的学习情绪和学习状态。

在孩子面前不要说老师不好

小学阶段的孩子"是非"观念很分明，不是好就是坏，他们还不会辩证地看一个人或一件事。如果知道某人有缺点，孩子就直接把这个人定义为"坏人"，并用对待"坏人"的方式来对待他。基于此，当孩子经常听到家长说老师的"坏话"，孩子很自然就会对老师产生反感。

有的家长在孩子面前批评老师：不负责任，什么事都不管；太严肃，一天到晚板着一张脸……当孩子听到后，就会产生与家长一样的看法，从而对老师不信任、不服气，不听老师话。这样的结果，最终受害的还是孩子，是不是？所以，不要在孩子面前说老师的不是，这是非常明智的做法。另外，家长要有意识地向孩子传达积极的信息，比如：这位老师很认真，是个尽心尽力的好老师；那位老师脾气很好，很有耐心。

【教师忠告】

> 每个孩子的成长，都是家长、老师共同配合、付出心力的结果。起到纽带作用的家长，协调好老师和孩子之间的信息平台，不仅能提高孩子的学习积极性，同时可以有效地增进孩子的自信心和成就感。

孩子在学校不听话怎么办

孩子不听话，这是让老师和家长都很头疼的问题，但也是很正常的问题。没有哪个孩子是完全听话的，也没有哪个孩子是完全不听话的。这个时候，家长如果坐下来和老师沟通一下，可能就会找到解决问题的办法。

背着书包去上学

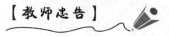

孩子背着书包去上学，家长都会叮嘱一句："在学校，听老师话啊。"一句

"听老师话"，包含了家长无限的期望。从上学第一天起，孩子就知道听老师话是对的。老师向孩子传授文化知识，培养孩子全面发展，"听老师话"对孩子的成长是非常有利的。当家长接到老师反映"孩子不听话"的信息后，可以说，心一下提到嗓子眼儿，慌了神。家长之所以有这样的反应，一是不知道发生了什么情况，大脑瞬间联想了很多；二是感到问题很严重，本以为把孩子交到学校就可以踏实了，没想到并不是如此。

问题频频出现

刚开始进入小学，孩子最喜欢说的一句话就是"老师说的"。在孩子眼里，老师是非常神圣的，一句"老师说的"是充满了权威、庄严的。这个时候，老师让怎么做，孩子就会怎么做，非常听话，老师和家长都非常顺心。慢慢地孩子就会出现各种问题，比如上课做小动作、不按时交作业、相互争吵、打架、乱扔垃圾等随时都有发生。

有一个老师就说了这样的一个困惑："一年级的小学生在课上大吵大闹，不听老师话，又不能对他们太严厉，真不知如何是好。"小雨妈妈说了这样的情况："最近接到好几科老师的投诉电话，对孩子最近的表现表示不满。语文老师说，孩子忘记完成生词作业，迟交一次；数学老师说，孩子多次课堂作业没有交，学习态度不好。"

给孩子定规矩

一句"听老师话"，一句"孩子不听话"，分别是家长说给孩子，和老师说给家长的。家长说给孩子的是希望，老师说给家长的是孩子的表现结果。这两者之间的差距就是要解决的问题。小学阶段的孩子还没有形成一定的约束性，对什么都感兴趣，但也缺乏一定的目的性。鉴于此，就要给孩子定个规矩，并让孩子知道这些规矩的意义，还要征求孩子的意见，确立合理的奖惩制度——当然，不能打骂。有的孩子不喜欢写作业，可以通过虚拟的奖惩来管理。比如，如果每天按时完成作业，就奖励一朵小红花。

让孩子明白该怎么做

孩子有时不明确成人给他的指示，所以才做出了不当的行为。因此，让孩子听话的时候，必须让他明确什么时候该怎么做。教育孩子的时候，不能只讲大道理，还应该加以引导和制止——当然，应该是友善、温和地制止，而不是粗暴地干涉。比如，看到孩子把扫把丢在地上并准备离开的时候，可以用温和和肯定的语气跟孩子说："你可以把扫帚放回该放的地方吗？那样我会很高兴的！"这样的口吻，就会省去很多的道理。

比如，有的场合孩子随便发言没关系，但有的时候这样做就很没礼貌了。这就需要家长明确地告诉孩子在什么时候可以随便发言，什么时候不可以。

【教师忠告】

> 对孩子不听话的问题，采取有效的惩罚措施是可以的。但要注意的是，不管情况多么糟糕，都不要使用任何暴力，包括身体暴力和语言暴力，这是最基本的底线。应该从关爱孩子的角度出发，采取积极有效的方式对孩子进行引导。

孩子考试成绩下降了

看到孩子成绩下降，家长的情绪多少会有些波动。有些家长会问：孩子是否还能学好？我该怎么做？通过与老师的交流，家长可以了解到孩子在校的学习情况，帮助孩子调整到良好的心态，用正确的方式激励孩子奋发向上。

稳定情绪，激发自信心

孩子成绩下降，如果家长不是训斥就是用棍棒式的教育方式，这样的结果极易使孩子产生消极情绪，丧失自信心。在长期的打击下，会给孩子幼小的心灵带来极大的创伤。孩子的教育是一个长期的过程，不能因为几次考试成绩的下降就觉得孩子一生会怎样。孤零零的数字，不能全面反映孩子的实际发展水平，也不能说明一个人实际能力的高低。

家长要告诉孩子不要因为成绩差就认为自己笨，一次成绩不理想不要紧，只要不断寻找原因、总结经验，就能有所改观。这样的鼓励会对孩子起到很好的激励作用，可以帮助孩子走出阴影，勇敢地面对现实。

有好的过程才有好的结果

家长要引导孩子分析成绩下降的原因，了解孩子是否存在学习心理障碍，是不是遇到了什么困难，是不是老师讲得太快了，是不是没有做好复习等。家长抓孩子学习的重点不应是成绩这个结果，而是使孩子考出好成绩的过程。

平时没有认真学习的孩子考出好成绩，其实不值得高兴，那可能是靠运气蒙上的，也不排除作弊的可能。相反，平时学习很努力的孩子，如果考出了糟糕的成绩，那是应该给他安慰的，可能是孩子考试心理或者方法上出了问题。所以，成绩不是考出来的，而是学出来的。

学习是系统工程

孩子成绩出现下降，有的时候原因不在学习这件事上。孩子情感、意志、价值观、习惯、人际交往等多种因素都会对孩子学习成绩产生一定的影响。比如一个孩子因为一些原因，和数学老师产生了一点小矛盾，回家也没有和家长说，由于孩子心里有些小疙瘩，上数学课的时候不是很认真，存在一定的消极心理。这样的情况必然会在考试成绩中有所体现。

一棵枝繁叶茂的大树，由埋藏在地下的根不断给枝叶提供营养，根基越深、根基越广，其枝叶越茂盛。可是通常树根并不会被人看到，但树根的重要性却是巨大的。这正是教育的规律。在一定意义上，可以说学习就是个系统工程，并不是单方面的。家长在平时对孩子的教育中，也要给予孩子多方面的关注，而不仅仅是学习一方面。

教会孩子自我调节

通常来说，小学阶段的孩子，已经有了很强的自尊心以及荣誉感。所以家长在教育孩子的过程中，要注意培养孩子在自我控制方面的能力。就考试成绩来说，考得好了，不骄傲，不沾沾自喜；考得差了，不灰心丧气，不萎靡不振。有的孩子考得好了，就会觉得学习是小菜一碟，这样的心理会使孩子在后面的学习中掉以轻心；有的孩子没考好，不敢回家，担心被骂，无形中给自己增加了很大的压力，感觉前面没学好，后来更难了，变得没信心。家长要注意孩子的这些情况，帮助孩子调节好心理。

【教师忠告】

> 就像农民朋友种粮一样，收成的好坏与天气、土壤、水分、光照等很多方面都有关系。孩子的考试成绩只是一个简单的数字，透过这个数字，家长更应该看到的是孩子在学习过程、学习方法，以及情绪、习惯等方面存在的问题，从各个角度，帮助孩子取得学习的进步。

对内向的孩子多关注一些

说到内向性格的孩子，首先想到的外在表现就是不爱说话，怕人，对集体活动不敢参与。看到孩子这样的情况，焦急的家长不知如何是好。应该说，在孩子性格形成的初期，内向的孩子需要家长多一些关注。

内向孩子的表现

有的孩子在学校比较沉默、不爱说话，回到家有说有笑、滔滔不绝，这种孩子只是受新环境的影响而已，不必看成性格内向；但有的孩子确实在哪里都比较闷，如果长时间这样，家长就要注意了。

相对来说，内向性格的孩子也有很多不同的特点。家长要做的是不要轻易和孩子说什么，也不要问他，先悄悄观察一段时间。孩子总有说话的时候，不说话也有行动的时候。如果发现孩子说话内容有条理、有一定见解，那这种孩子不能小视，他脑子里很有东西，思想是很活跃的，内向不是他的缺点。另外的情况，如果发现孩子说的话没什么思想，并且情绪性非常强，那可能是其他方面的问题。

形成内向性格的原因

家长无意中对孩子的消极评价，日积月累就会使孩子变的胆小内向，比

如："这么害羞，太胆小了！"不要认为孩子不会太在意，实际上成长期的孩子对大人的评价是非常敏感的。来自家长的消极评价，差不多等于孩子对自己的消极认识，所以，家长朋友要丢掉对孩子消极的评价和评论，换成鼓励和指导。

家长要注意引导

内向不是孩子的错，只要家长积极地引导，就会使得孩子朝着健康自信的方向发展。如果孩子性格内向、害羞，可以找性格外向大胆的孩子和他一块玩。但家长要注意，不要当着孩子的面和别人说他内向，因为这样会使得孩子觉得自己确实内向；可以在别人面前夸大孩子的优点，告诉别人孩子很活泼，比如从一件小事说起，给孩子一种心理暗示。

有的孩子做错了事，家长多说几句也没问题。面对内向的孩子，家长要注意自己的措辞，尽量以鼓励为主，不要在言语上伤害孩子的自尊心。平时也不要给孩子戴上"内向"的帽子，这样定性的话只会起到对孩子负面强化的作用。时间长了，孩子就会认可这种评价。

【教师忠告】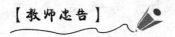

> 家有内向的孩子，家长不要天天说他，不要和别人总是说孩子这个问题；同时也不能不理不睬。家长适度地关心即可，开始要以观察为主，心里有数了，再进行积极的引导，要多鼓励孩子交朋友，慢慢让孩子变得活泼外向。

发现孩子情绪不对劲

孩子经常会有一些小情绪，有的时候孩子会告诉家长，有的时候也不会。相对的，有的家长能及时发现孩子情绪不对劲了，有的家长由于工作忙等原因没有注意到。不管是哪种情况，首先都要明确孩子有情绪问题是很正常的，重要的是如何解决。

首先认同孩子的情绪

与小学阶段的孩子沟通看起来容易，其实并不是那么简单。随着年龄增长和接触过的事物越来越多，孩子慢慢有了自己的意见和看法，因此对家长的话并不是那么顺从地执行了，渐渐有了抵触情绪。

孩子听不进家长的话，家长感觉自己在"对牛弹琴"。面对这种状况，解决的方法就是首先认同孩子的情绪。掌握了这一沟通技巧，家长就不会感觉与孩子沟通有障碍了。比如，周末带孩子跑步的时候，孩子不小心摔了一跤，趴在地上大哭起来。面对这种情况，多数家长会说："不就是摔倒了吗，有什么好哭的，快起来吧。"也有的家长会走到孩子面前对他说："摔倒了，很疼吧？"孩子听到这样的话，哭声渐渐小了。等孩子不哭了，家长才对孩子说："下次跑步一定要看好道，不然又会摔倒。"孩子摔倒了，先不去责备，而是认同孩子摔得很疼，这样孩子首先感到被认可，之后就会听家长的建议。

和孩子多交流

提到和孩子交流，有的家长就非常苦恼，不知道跟孩子说什么，常见的情况就是一问一答。比如：家长说快起床，要迟到了；孩子回答知道了。在生活中，多数家长与孩子的交流仅仅包括两个方面：生活方面催促孩子洗脸、吃饭等；学习上让孩子听老师话、赶快做作业等。

面对这种情况，家长要注意的是，小学阶段的孩子已经很明显地表现出自己的喜好。如果家长还是把他当幼儿园小朋友，那么孩子也就没什么跟家长说的了，常常还会拒绝和家长交流。随着孩子进入小学，家长朋友也要改变与孩子沟通的方式，与其问孩子自己想知道的问题，不如问孩子他喜欢什么、对什么感兴趣。这样的效果要好很多。

多观察孩子的变化

孩子在情绪上有变化，会影响到很多方面。比如：对以前感兴趣的事情，没什么热情了；放学后总是把自己关在屋子里；学习成绩突然下降；很多事没去做就说自己做不了。

这些异常的行为，通常说明孩子要么遇到了自己解决不了的事情，要么被心理问题所困扰。比如：同学和自己打架，自己没打赢；被老师批评了。

多数家长认为，孩子上学了，在学校的事老师就会全权负责了，我们就

不用操心了。通常来说，老师都会负责的。但要知道，每个班级几十个孩子，任何老师都没有足够的精力顾及到每一个孩子；再有，在小学阶段，孩子虽然"崇拜"老师，但不少孩子对老师有畏惧心理，他们害怕老师批评、害怕老师提问，所以在学校受了委屈、挨了批评，孩子最先想到的是家长。基于此，及时发现并协助孩子解决这些问题，是家长应该担负的责任。

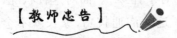

【教师忠告】

> 年龄比较小的孩子常常不能正确地认识自己的情绪，或者不能正确地把握自己的情绪，这时，家长就要对孩子进行引导。在处理的过程中，家长要谨记：自己的心态一定要平和，不可以孩子的问题还没解决，自己先"火冒三丈"，要避免冲动的教育方法。

Part 8 赏罚分明，做孩子眼中的好父母

要想做称职的家长，就要懂得赏罚分明的原则。尤其是对处于人生初级阶段的小学生，家长要知道怎么鼓励孩子，怎样倾听孩子的心声，怎样才能把握好度。这些都是非常关键的因素，也是培养孩子健康成长的"金钥匙"。因此，家长不但要扮演孩子的角色，还要扮演自己的角色。由此可见，换位思考尤为重要。

和孩子做好朋友

很多家长反映，孩子越来越不好管，越来越不听话。随着孩子不断地长大，家长们感到越来越力不从心。基于这种越来越困难的沟通方式，出现了提款机式家长、保姆式家长、全能式家长……但家长们也许没有意识到，孩子真正需要的是好朋友式父母。

家长与孩子要平等

面对孩子，很多家长都会不自觉地站在与孩子对立、命令的角度，要求孩子做这个，做那个。在日常生活中，家长为了了解孩子，为了与孩子成为朋友，可以说是用心良苦——孩子需要什么，家长都会通通满足；在与孩子沟通的时候，常把"为你好"挂在嘴边，叫孩子不要"一点不懂事，不知大人辛苦"；孩子一遇到困难和难题，家长就赶紧解决，努力成为孩子最信任的人……

家长感到自己用心良苦，可这是否就是孩子需要的呢？在小学阶段，孩子的自我意识在飞速发展，家长的行为只有触动孩子的内心，才是与孩子处在平等线上。这不是说孩子地位比家长高，而是说家长没有意识到——与孩子平等，不是要任何事都满足他；与孩子平等，不是把所有问题都帮他解决；与孩子平等，不是总把"为你好"挂在嘴边，因为这样的语言和行为令听到的一方感到厌烦。

家长与孩子的平等，还表现在需要家长放低姿态、放弃"特权"上。在家庭教育中，不能因为自己是家长，犯了错就不道歉、不改正，那样的态度就是摆明家长有特权、家长地位特殊。在这样不对等的情况下，孩子自然会逐渐远离家长。

做好朋友原则不可少

作为家长这个职业，了解并教育孩子就是最核心的工作内容。把姿态放低，放弃"特权"，与孩子平等相处的最终目的是了解孩子，真正走进孩子的内心。需要注意的是，虽然家长与孩子平等，但掌控方还是家长，不是在孩子。在一次逛商场的时候，王蕊在一个娃娃面前停住了脚步，告诉妈妈想

要这个玩具，其实两个星期前妈妈刚刚给王蕊买了一个类似的娃娃，但妈妈要和孩子做好朋友，是纵容她呢，还是……

家长与孩子是好朋友没有问题，但有些原则一定不能少。俗话说，没有规矩不成方圆，该坚持原则的时候，一定要坚持，不然教育不出好孩子。"坚持原则"是家长"保持权威"与"和孩子做朋友"之间的最佳结合点。一位家长与孩子定了这样一些规矩："我尊重孩子的平等地位，遇事与孩子商量，但如果他趁机提出过分的要求，那坚决否定；我可以陪孩子玩游戏、讲故事，但条件是当我在工作的时候，孩子的这些要求不能得到满足……"在与孩子做朋友的过程中，家长要能掌控整个局面，不能被孩子牵着走了，依然还要保持自己的权威。如果家长不能掌控局面，那很容易和孩子反目，家长想挽回自己的威严，孩子想宣告独立，两方的矛盾越来越激烈。在小学阶段的孩子心中，家长本来就有一定的权威，基于此，只要能坚持原则，家长很容易就能成为孩子心中有分量的好朋友。

【教师忠告】

> 家长与孩子的关系，对孩子能否健康成长有着关键的作用。对立式亲子关系、不冷不热式亲子关系、朋友式亲子关系……亲子关系的类型不同，孩子的表现也会不同。只有与孩子成为好朋友，了解孩子的心声，才能为孩子提供更有效的帮助。

善于发现孩子点滴的进步

孩子进入小学，开始了新的起点。在没有太多准备的情况下，孩子迎接着来自各方面的挑战，进入全方位多角度的历练。然而，孩子还没有太多的能力完全表达出他们的内心感受，但他们都能感觉得到压力。

 **孩子的压力可真大**

在成人看来,小学阶段的学习是非常简单的,孩子很容易就能学好,不用费太大的劲。然而事实并非如此,小学阶段的孩子有着两方面的压力,分别是好动与遵守纪律之间的矛盾带来的压力和学不好带来的压力。

孩子总是爱玩的,总是动来动去的,不会那么老实地待在一个地方。可是在进入小学后,孩子玩的欲望就受到了很大的限制,比如:要按时到学校,就得早早起床,不能迟到;上课要遵守纪律,不能随便说话,要认真听讲;放学后还要写作业……在孩子眼里,小学的生活是充满了"不要这个,不要那个,要这样,要那样",也就是充满了规矩。在这种情况下,想玩不能痛快玩;想遵守纪律,又控制不住想玩的念头。孩子想做好又做不好的现状,使得他时而自责、时而烦躁……时间久了,这一矛盾就会成为孩子的第一大压力。

小学阶段的孩子并不是一无所知,他们有自己的思想,有自己的心理需求,也能感到压力。有个小女孩在被家长批评后,边哭边说:"我不想上学,我不去。"孩子不爱上学,家长通常会告诉孩子上学就能认识更多小朋友,但到了学校孩子就会发现这里有很多的不自由——这是与孩子的期望值相背离的。所以孩子不想去学校,有的家长把孩子送到学校走了后,孩子又追了出去。

除了好动与遵守纪律这对矛盾所带来的压力,孩子还要面对学不好的压力。老师在课堂上讲的知识,孩子都想学会,都想考出好成绩,但由于学习能力有限,结果常常不是那么理想。在课堂上害怕老师提问,在家里害怕家长问成绩;有学习欲望,但由于种种原因学不好,这是小学阶段孩子的又一个心理压力。

孩子需要家长的赏识与关爱

通常来说,家长都会认为只要对孩子严厉一些,孩子就能学好。当孩子做得不够好,或者犯了错误的时候,家长就会很不客气地对孩子加以批评、纠正。这种"暴力"式的教育方式,在某种意义上,增加了孩子的挫败感。孩子想不明白:为什么那么简单,自己学不会?为什么家长要那么严厉地批评自己?孩子找不到解决问题的办法,而面对的压力又那么大,唯一的出路只剩下了一个:我不上学了。

从大人的角度来看孩子的做法,还是很聪明的:"我实在没办法,我不干

了。"由此可以看出，孩子和大人是一样的，他会自己找解决问题的方法，但是找不到，就只能放弃了。于是就出现了这边孩子又哭又闹就是不去上学，那边家长又哄又骗送孩子去学校的场面。

家长需要对孩子多一点赏识，多一点鼓励。孩子需要家长的肯定，需要家长的点点滴滴地呵护。虽然小学阶段的孩子不再像婴幼儿期，需要家长一步步扶着走路，但孩子一点点的进步，都需要家长由衷地祝贺。

【教师忠告】

> "一眨眼，孩子就长大了。"这是很多家长不经意间的一句感叹。孩子每时每刻都在成长，家长要跟上孩子成长的脚步。不管孩子平时多么调皮，不管孩子学习有多么让人头疼，只要看到孩子取得的一点进步，就应该微笑着鼓励他；如果没有发现，就说明家长没有注意到。

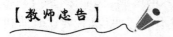

正面激励，起航明天

俗话说："种瓜得瓜，种豆得豆。"对家长来说，小学阶段的孩子就好比春天的土壤，家长种下什么，就会收获什么，孩子的可塑性非常强。对待孩子的学习，家长催促和强迫，孩子就会厌学；对待孩子的行为，家长只记下差的，孩子就会越来越差。

用梦想点亮期望

小学阶段的孩子多数更关注吃、穿、玩，对未来没什么概念，也不会去想。但如果家长有意识地进行引导，孩子就会对未来有一个畅想——我要怎样，我要做什么。不仅是在学习上，其他事情也是如此，没梦想的孩子和有梦想的孩子是完全不同的两个状态：有梦想的孩子看得长远，不会被一时的困难吓倒；而没梦想的孩子会拘泥于日常的事情上，遇到困难就想退缩。

五年级的小雨从来没有上过任何特长班或学习班，每到寒暑假，小雨的父母就带孩子到著名大学参观，有国内的清华大学和北京大学，也有国外的剑桥大学、哈佛大学等。在参观的过程中，爸爸妈妈会给小雨介绍不同大学的文化，以及每所大学分别走出了哪些名人。可以说，小雨的父母用心良苦，他们自己也做足了功课，每到一个学校，小雨都会说："我要来这里读书。"小雨的父母会给孩子拍照留影。通过这样的行为，当孩子再回到自己的日常生活，用小雨自己的话说就是："每当看到这些照片，我就会浑身充满力量，并且能够很快静下心学习。"

需要注意的是，这里的梦想不是家长自己的梦想，而是通过家长的引导，孩子自己产生的梦想。每个孩子心中都有一扇门，打开这扇门，孩子热情、积极、努力等优秀的品质就会涌现出来。梦想就是帮助孩子打开这扇神奇大门的钥匙。

🎗 优点成就展

在成长的过程中，每个孩子都会有很多不足，也会有很多的优点。有的家长为了帮助孩子改正坏习惯、坏行为，会为孩子制作一个改正本，专门记录孩子的缺点和错误。然而，需要说明的是，这样的改正本不能对孩子发挥积极的作用。因为通过心理暗示的方式，改正本上的那些坏习惯会不自觉地刻在孩子的头脑中，这会使孩子不自觉地去重复那些行为。如果"错误"记得过多，孩子就会变得很麻木，渐渐地连改的想法都没有了。

小学阶段的孩子其实很简单，也很听话，只要家长方法得当，孩子就会变得越来越好。家长一个赞赏的眼神，孩子就会心花怒放；家长一句表扬的话，就会使孩子手舞足蹈……可以想一下：当翻看自己的成长记录时，如果那上面不是缺点就是错误，看到这样的情景，还有继续走下去的信心和勇气吗？答案一定是否定的，对于正在成长中的孩子更是如此。

记下孩子的优点，记下孩子成长路上那些积极的行为和习惯，对他们来说就是非常大的鼓舞。舟舟就有这样一个优点本，厚厚的本子快要记满了。舟舟妈妈说："舟舟很关注这个本子，比如今天记下'做功课很认真'，那之后孩子就会继续保持。"

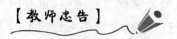

【教师忠告】

> 　　用梦想装点孩子对未来的憧憬，用优点记录孩子取得的成就。人们常说做父母是一门高深的学问，是和孩子斗智斗勇的游戏。正所谓孩子并不复杂，复杂的是家长。通过直接正面的激励，就能够促使孩子更好地成长。

孩子需要懂事的家长

　　说到孩子的懂事，大致说来有几点：能体谅大人的良苦用心，懂得分担大人的担子；了解别人的意图，明白一般事理；懂得关照到别人的感受。可以说，孩子懂事的过程也就是成长的过程，有时候不是孩子不懂事，而是家长需要懂事。

孩子的自我意识增强

　　有家长反映，孩子上小学后越来越不像话了，见到邻居也不主动打招呼；上幼儿园的时候，还知道送家长礼物，现在家人生病了，孩子连句安慰的话也没有……随着年龄的增长，好像孩子是越来越"讨厌"了，不懂事的倾向越来越明显，这是为什么呢？

　　在幼儿园阶段，孩子年龄小，没有过多的自我意识，或者说不知道什么叫害羞、不好意思。家长让孩子怎样做，这个阶段的孩子就会怎样做。但随着阅历的增长和自我意识的增强，孩子就不会再像小时候那样大声与邻居打招呼，也不好意思把自己那些小玩意送给家长。于是，在家长眼中，孩子变得越来越不懂事。

只强调学习的结果

　　孩子上小学后，家长将更多的目光注意到孩子的学习成绩上。有不少家长认为只要孩子学习好，其他方面都不要紧。围绕学习这个中心，在孩子的生活中，就出现了这样的局面：为了孩子更愿意学习，家长把好吃的、好用的都留给孩子，不排除有些过分的要求也答应孩子；为了孩子全身心投入到学习中，家长把所有的家务都包了，甚至包括收拾书包、洗袜子等应该由孩子自己做的事情。

家庭成员全部以孩子学习为中心，这样的结果使得孩子不去关注其他方面的事情，成了学习的"机器"。在幼儿园阶段，家长更多的是希望孩子多了解这个社会，把个性习惯的培养作为重点；但进入小学后，家长把教育重点全部转移到孩子的学习上，并且家长的夸奖和称赞多是因为取得了好成绩。在这样的情况下，孩子就不会去保持原有的好习惯、好个性。

只有做事才能懂事

孩子的成长需要引导，这个引导主要还是要靠家长。那该如何引导孩子慢慢懂事呢？要给予孩子足够的尊重，不把孩子当孩子。有的家长总是不放心，觉得孩子还小，什么事都不让孩子做。其实，越是这样的孩子，越难以长大。孩子虽然年龄小，但他也是一个独立的个体，家长要给孩子懂事的机会。如何懂事，那就是让孩子做些力所能及的事，同时也要给孩子一定的权利，让他做主。

小玲的妈妈在这方面做得一直不错，她这样介绍道："小玲进入小学后，虽然学习变得越来越重要，但我们从来没有忽略对她其他方面的培养。我和小玲爸爸还会设法创造一些让孩子参与家庭事务的机会。比如：让孩子安排下一家人一周的伙食问题，周一吃什么、周二吃什么等；家里来了客人，让孩子帮忙倒水，客人要走了和我们一起出门送别；节假日的时候，我们会让小玲当一次家，由她来掌管家里的开支……"

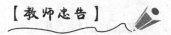

【教师忠告】

　　孩子一般都很懂事。家长关注孩子的成绩，孩子就关注成绩。家长要求什么，孩子就做到什么。很多时候，不是孩子越来越不懂事了，而是家长忽视了对孩子其他方面的培养。单方面的进步，永远都是不健康的。给孩子做事的权利，孩子就会越来越懂事。

每天夸孩子一句

　　小学阶段的孩子，各方面心智在不断发展中。家长的一句夸奖，就会带给孩子巨大的肯定与鼓舞，经常被夸会增强孩子的自信心。当然，家长一句不合实际的夸奖，孩子也是能够判断出来的。爱孩子就需要家长多观察孩子，在有理有据的情况下多夸孩子。

越夸越让人欢喜

　　有这样一个有趣的现象，很多父母都知道。那就是，孩子越夸越让人欢喜。如果今天夸孩子字写得工整，第二天他的字会更工整；如果今天夸孩子讲礼貌，明天他会更注重礼貌；如果今天夸孩子课文背得好，明天他会背得更好。爱孩子，就多夸夸他吧。日本的一项研究表明，比起很少受父母夸奖的孩子，经常得到父母夸奖的孩子成才率要高出很多。孩子毕竟是孩子，得到大人的夸奖，不仅心情愉悦，还会知道什么事是对的，什么是应该做的。

　　八岁的欢欢是个很有孝心的孩子。暑假在奶奶家，看到奶奶忙里忙外，一早上也没喝水，细心、懂事的欢欢端了一杯白开水给奶奶。奶奶放下手中的活，惊喜地接过欢欢手里的杯子，激动地搂着小孙子，直夸道："好孩子，真乖！奶奶的好孙子。"欢欢很懂事地说："奶奶，快喝吧！"看着这一幕，大家都欣慰地笑了。

家长要关注孩子的细微进步

　　在学校，小亮是老师的好帮手，和同学相处得也很好。每当小亮被老师表扬又得到同学肯定时，小亮的父母就会毫不吝啬地夸奖他："孩子，你做得真棒！"同时，父母也会告诉小亮："老师今天的表扬和同学的肯定只代表过去，今后还要继续努力，不要骄傲。"小亮使劲地点点头，答道："放心吧，我会的！"

　　小亮的进步是在父母不断的鼓励中取得的。刚上小学时，小亮很长时间成绩不理想，甚至出现期末考试要补考的情况。但小亮的父母都没有责怪孩子"笨"，而是耐心地帮他分析原因，并不失时机地鼓励他、夸奖他。刚开始小亮做数学题，十道题仅做对两道，这时爸爸没有责怪小亮，而是说："儿子真棒，这么难的题你都会做！爸爸小时候还没你厉害呢！"

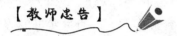 夸孩子不是戴高帽

夸奖是一种激励，比批评和强迫的效果要见效很多。听到夸奖的孩子，心里都非常高兴。小学生们纷纷说出了自己的体会："很得意，心里暖暖的，就想着以后要做得更好；很开心，觉得自己很棒；被人夸奖，感觉信心十足……"经常被夸奖的孩子，能体会到被人肯定的喜悦，就有信心和动力做得更好，就会有更多的动力去努力学习各方面的知识，以得到更多的夸奖。

但要注意的是，夸孩子不是随便夸的，要夸得准。不然，孩子就会感觉受到了欺骗，认为大人在故意夸他，这样就不会起到激励的作用。特别是不能夸错了，要通过夸奖告诉孩子怎样是对、怎样是错。如果夸错了，孩子就会把错的当成对的，以后想改过来就很难。

【教师忠告】

> 教育学家陶行知先生曾指出：教育孩子的全部秘密在于相信孩子和解放孩子。很多父母对孩子期望很高，但又吝啬夸奖、赞美自己的孩子，总以为摆出一副严肃的面孔责备孩子才是教育，却不知孩子最希望得到的是夸奖和赞美。

请露出您的灿烂笑容

俄罗斯有句谚语："笑是力量的亲兄弟。"深爱孩子的您是否也能做到经常对孩子报以微笑呢？很多家长对孩子都是很严厉的，但注意，在保持威严的同时，也不要让孩子有畏惧感。当面对孩子的时候，不要吝啬您的笑容。

世界上最美的语言

对待孩子，"叉起手来训斥"的家长是要受到批评的。家长朋友不仅要蹲下身子，还要微笑着和孩子交流。实践证明，通过语言、表情等方式经常和孩子进行平等的沟通，特别是对孩子多一些微笑，有助于孩子的心理健康。

笑是家长与孩子良好沟通的润滑剂。有时候，浅浅一笑就可以拨开云雾。孩子不小心做错了事，或者偷偷看电视被逮个正着，又或者功课还没做完，这时家长微微一笑，孩子就已经领会。正可谓，此处无声胜有声，孩子就会知趣地好好做事去了。如果对孩子大加斥责，效果会相差甚远。"我多希望看到爸爸妈妈的微笑啊！"这是孩子们发自内心的感慨。对孩子来说，微笑是家长对孩子独有的爱与鼓励，是孩子渴望获得进步的动力。

通过微笑传递友善

父母是孩子的第一任老师，也是孩子观察最多的人。通过父母的表情，孩子喜欢推测父母的想法和态度。当父母板着脸的时候，孩子本来想说的话也会咽回去。相反，看到父母比较温和，孩子就会欢喜地和父母商量事情。

在孩子不听话，或者做了什么不好的事情时，家长要尽量保持平和的心态，避免将其他情绪掺杂其中，这样会获得与孩子沟通的最佳时机。另一方面，在面对孩子存在的问题时，家长朋友要以一种友善的表情来面对孩子，不要面露怒色，孩子往往会从中醒悟过来。

实际上，父母对孩子微笑，孩子也会以微笑回报。这是人与人很自然的情感体现，是一种表示友好的社会性行为。通过微笑，可以消除家长与孩子之间的愤怒、冲突等不良情绪。

请露出几颗牙齿

很多家长与孩子沟通的内容，除了基本的吃饭睡觉外，就是指责、命令等。在这种紧张严肃的氛围下，孩子的神经也是很紧张的，通常的情况下，这样的沟通多半会以"发布命令"开始，以"执行命令"收尾。和孩子沟通的时候，要让他感到家长是关心自己、爱护自己的，不是为了训斥自己才和自己沟通的。

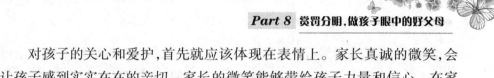

对孩子的关心和爱护，首先就应该体现在表情上。家长真诚的微笑，会让孩子感到实实在在的亲切。家长的微笑能够带给孩子力量和信心。在家长的感染下，孩子也会微笑着去面对各种各样的问题，无论是愉悦还是失意，无论学业成功还是失败，无论人生之路平坦还是坎坷，相信都会在孩子内心种下希望的种子。

【教师忠告】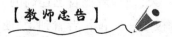

> 父母是孩子的榜样，每个孩子都愿意看到父母开心快乐的一面，都不希望让父母生气难过。当孩子看到父母脸上的笑容，就好像阴沉的天忽然变得湛蓝湛蓝的，那份喜悦会伴随孩子的成长。多一份鼓励与肯定，少一声责备和呵斥，带着阳光的笑容，与孩子一同成长吧！

乐观成就美好的明天

带中国男足打入世界杯决赛圈的米卢教练，曾说过这样一句话："态度决定一切。"也就是说，做同一件事，报以不同的态度会得到不同的结果。拥有乐观的心态，会带给孩子积极的心理暗示，使孩子对人生充满信心。

家长的乐观会传染

培养孩子乐观的品质，首先家长就要有乐观的思维。在处理自身问题和家庭问题的时候，家长若能够采取乐观的思维，就会对孩子产生重要的示范作用。通过观察和模仿，孩子就会逐渐养成乐观的品质。

孩子都知道家长很爱自己，但很少有孩子感到自己与家长是平等的。孩子相信家长可以为自己做很多重要的事，可却也感到家长并不拿他当回事儿。比如，当孩子与客人聊天的时候，有些家长就会打断孩子的话，让他回自己屋去。只有让孩子坚信家长喜欢他，孩子才会有很强的自信心。

家长要相信孩子能行。对孩子没有太多的责备，多鼓励孩子，这就是相信孩子的一个体现。每个孩子都是独一无二的，家长要从内心深处信任孩子、相信孩子。

乐观的终极是享受

一位大提琴家童年时有这样一个故事：一天，他拖着比自己还高的大提琴，在走廊里迈着轻快的步伐，看起来心情好极了。一位长者看到了，便问："孩子，这么高兴，是不是刚拉完琴回来？"这位孩童的脚步没有停下，边走边说："不，我正要去拉。"在这个七岁孩子的面前，相信很多大人都会感到自惭形秽。孩子在享受音乐，而不是一份不得不做的苦役。

如果每个孩子都享受学习，沉浸在学习之中，深切感受到学习的乐趣，那会激发出很大的热情；如果每一位家长都享受做家长，享受这份与孩子一同成长的快乐，那又会是怎样的一种言传身教？将自己放低，带给孩子这份美好吧。比如，有的家长在单位不认真工作，做事情很不积极主动，虽然孩子不了解家长在单位的情况，但家长这样的状态可能会被带到家里，影响到孩子。所以，即使有千万个不顺心，即使遇到特别棘手的困难，家长也要努力地去挖掘生活的积极方面，给孩子做出乐观的榜样。说到这里，有一部电影值得推荐，那就是以美国百万富翁克里斯·加德纳同名自传改编的电影《当幸福来敲门》，感兴趣的家长可以和孩子一起看看。

学会积极的心理暗示

每个人的人生道路都不可能一帆风顺，对于小学阶段的孩子来说，也会有很多的烦心事：课上回答问题不正确，在同学面前丢丑了；成绩不怎么样，回家又要挨批；长得不好看；名字难听……

当孩子看到了自己这么多不足时，如果不能用积极的心态推翻负面的情绪，那就会产生一系列不好的连锁反应。一位十岁的孩子在日记中这样写道："从小到大，我碰到了无数的困难，但在一次次的挫折下，我选择了乐观面对，在这个过程中，我感到自己成长了很多。"

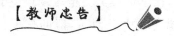

【教师忠告】

保持乐观的心态，在遇到事情的时候就会从好的方面入手，始终怀有一种信念："我行，我一定行。"多使用一些积极向上的话语，比如"太好了"等，乐观面对事情，就会有较好的结果。

孩子体验成功很必要

孩子天生是乐观积极的，但当家长总是抱怨孩子的时候，他就会消极起来，慢慢变得没有动力，从而失去了自信。这是因为在一定程度上，过多的抱怨会使孩子感到一无是处，感觉自己"输"了。而对于小学阶段的孩子来说，他们更多需要的是体验成功，品尝成就感。

让孩子自己努力

在一次夺得金牌的时候，奥运冠军刘翔在全世界面前仰面长啸："我赢了。"通过电视镜头，全世界的观众也感受到那份喜悦。2001 年夏，北京获得第 29 届奥运会的举办权，举国欢庆，电视屏幕上闪动着"我们赢了"四个大字，每位国人都欢呼雀跃，激动无比。

赢了，是内心的欢唱，是自我的肯定，是前进的动力。孩子需要赢，需要体验"赢"的感受。没有赢过的孩子，自信何来。与孩子相处的过程中，很多父母喜欢事无巨细地大包大揽。比如，小明想自己去买份报纸，可是妈妈说她帮忙去买；有道判断题不会了，小明去问爸爸，爸爸直接告诉他答案。试问，如果引导孩子自己去做判断，结果会如何？如果努力让孩子自己去买东西，那又会如何？"授人以鱼不如授之以渔"说的就是这个道理。

努力就会有赢的可能，不努力就没有希望。告诉孩子答案很省事，遇事家长代劳效率高，可是从长远来看，不给孩子努力的可能与机会，孩子就永

远体会不到战胜困难带来的"赢"的感觉。当孩子通过努力把难题攻克的时候，会露出胜利的笑脸，这会激发孩子继续做事的"干劲"。帮助孩子找到"赢"的机会，获得成功的体验，孩子的学习热情就会提高。

创造机会让孩子"赢"

从小经常挨骂的孩子，自我评价都不高；同理，从小总是输的孩子，遭受打击的强度大。总是受打击，孩子的内心就是残缺的。小学阶段的孩子，需要家长更多的呵护。没有赢的机会，就要创造机会让孩子"赢"。

小彩家新安装了防盗门，门上有"猫眼"。小彩放学回来发现，如果家里亮灯，从外面就能看到猫眼是"亮"的。那如果家里没人，小偷看到"猫眼"处为黑的，那就有可乘之机了。于是，聪明的小彩就用小塞子塞住"猫眼"，这样外面就看不到屋里是否有人。小彩的小创造，父母非常满意，每次有客人来家串门，他们就会把这个好方法告诉别人，并说是小彩想出来的主意。

小美妈妈带小美一块去街上玩，遇见的人都夸妈妈的衣服漂亮。妈妈听了看了小美一眼，高兴地对别人说："那是因为我有小美做服装顾问，别看她年龄小，眼光还挺时尚的。"在构建孩子精神世界的过程中，家长需要从点滴做起，尊重和鼓励孩子，营造一个乐观向上的家庭氛围，这样孩子的自信心就会慢慢建立起来。

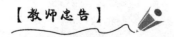
【教师忠告】

> 过多的失败体验会使孩子总是自我否定，非常不自信，而"赢"的体验却能极大地帮孩子获得成就感。基于此，家长要善于创造机会，使孩子通过自己的努力获得成功，从而冲淡自卑对孩子心灵的影响。

鼓励孩子有章法

在与孩子沟通的过程中，多数家长都知道要多鼓励孩子。可是，也有效果并不明显的：孩子并不买账，或者根本不当回事。这

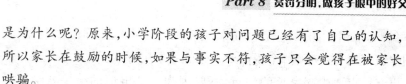

是为什么呢？原来,小学阶段的孩子对问题已经有了自己的认知,所以家长在鼓励的时候,如果与事实不符,孩子只会觉得在被家长哄骗。

喜孩子之所喜

小学阶段的孩子有这样一个特点:取得一点小成绩就会觉得自己特别伟大,相对地,遇到一点小挫折又会觉得自己很糟糕,自信心受打击,心情压抑。对于家长来说,要对孩子的经历感同身受。孩子取得成绩时,家长如果热情地跟孩子一起感受成功的喜悦,那孩子的快乐就会放大很多倍,自尊心得到极大的满足,这会增强孩子继续努力的信心。

阿明在一次书法比赛中,获得了班里的第一名,他的作品还将在学校公告栏中展览。阿明回到家,第一时间就把这个消息告诉了家长。爸爸听了高兴地说:"儿子,真棒!"在做饭的妈妈学着记者的语气问:"阿明先生,对这次取得的成绩,请谈谈您的心情好吗?"

阿明也配合着妈妈,用大腕的语气说:"感谢班里组织这样的活动,感谢指导老师,感谢我的家长。我会再接再厉,争取取得更好的成绩,谢谢大家。"

听了孩子的话,阿明爸开心地说:"阿明要加油,过年前回爷爷家,就由阿明来写春联好不好?"阿明高兴地欢呼着。

多强调孩子的进步

长期的应试教育,使家长在观念中更多的是看重成绩和排名,也就是说对结果看得过分重。如果孩子的成绩没有令家长满意,随之而来的就是对孩子的斥责。因此,在相关的问题上,就会听到孩子有这样的声音:"给你去上学,还不行吗?""给你学习,让你满意"……从这样的言语,可以判断出孩子的潜意识是"我在给爸爸妈妈卖苦力"。这样的感觉是不是有点像家长是地主,而孩子是给地主家干活的"长工"?

由于家长急于求成的心态,使得家长对孩子的努力和进步视而不见,会严重打击孩子做事的积极性。如果家长肯定孩子有进步,对孩子的努力给予认可,那孩子的情形就会完全不同,孩子会满怀信心地积极进取。比如,孩子语文作业写一半就不想写了,家长可以这样说:"已经写了这么多了,真

棒,写得真不错。如果都写完,那就更棒了。"也可以这样说:"赶紧写,写不完别吃饭!"对比一下,哪个说法对孩子的效果更好些呢?

再有一点要引起家长的注意,不要因为一件事情的结果就给孩子下定论,比如,孩子一次或者两次测验没有合格,家长冷冷地说了句"我看你是合格不了了",这样定性的结论,孩子的理解就是"合格了就万事大吉,不合格所做的一切都没有意义"。也就是说,家长的态度成了非黑即白。这是非常可怕的,这会造成孩子单一的价值观。本来孩子的认知能力不再是简单的"是非"了,可家长的认知体系还是二元定论。所以,家长也要放开一点,多强调孩子的进步,这会有助于孩子的健康成长。

【教师忠告】

> 在鼓励孩子的时候,家长要有理有据,这样才会使孩子信服,鼓励才会起作用。如果没有考虑到时机、场合,以及孩子的实际情况,只是对孩子一味地赞赏,孩子当然就不会买账。家长要多强调孩子的进步,避免只关注结果,对孩子造成非黑即白的价值观。

挫折把未来点亮

"温室中长不出参天大树,圈棚里养不出千里战马",相信这句话家长们都听过。在对孩子的培养上,家长应该有意识地为孩子制造一点儿挫折,帮助孩子正确地认识挫折和困难。这对孩子的成长很有必要。

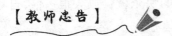 该不满足就不满足

现在家庭独生子女居多,在家里对孩子非常娇惯,家长基本上都是围着孩子转,孩子要什么就给什么。这就使得孩子感觉非常理所当然,既不懂得感恩,也不觉得这有什么不对。

小阳放学回到家，看到妈妈晚饭做的面条，心里有点不乐意，走过去对妈妈说："您怎么做的面条啊。"当了解到孩子不想吃的时候，小阳妈说："手擀面，很好吃的，妈妈做了你爱吃的西红柿鸡蛋卤。"到了吃饭的时候，小阳自己待在屋里，就是不出来吃饭。无奈，爸爸过去问小阳："怎么不开心呢，不爱吃妈妈做的面条吗？"小阳很任性地说："我要吃米饭。"爸爸说明天再吃行不行，小阳还是不同意，坚持要吃米饭。因为小阳不喜欢，做了半天饭的妈妈说："吃面条很有营养的，妈妈给你盛，妈妈明天给你做米饭，好不好？"

面对小阳的这种情况，家长朋友怎么办呢？其实这时候家长的做法是很关键的，孩子总是很任性的，一味地满足他，就会让孩子养成骄横、吃不了苦的坏习惯。有时候人们会说，某个孩子没出息，都是被惯出来的。面对孩子的很多任性行为，不满足就是对孩子很好的挫折教育。

与孩子一起渡过难关

孩子是一个家庭的希望，在对孩子关爱的同时，要让孩子经历一些困苦。现在家庭物质生活非常优越，孩子要什么有什么，不愁吃不愁穿。家长在满足孩子物质生活方面，也要对孩子多些精神层面的关照，让孩子体会到家长的不容易。比如，前文中的小阳，如果他知道妈妈辛苦一天后，又亲手做手擀面给自己吃，他会感受不到妈妈的关爱吗？还会挑食吗？在家庭中给孩子一些这方面的教育，会帮助孩子很好地面对外面的挫折。

有个三年级的小男孩，在选班长的过程中被刷了下来。很长时间，这个男孩都闷闷不乐，觉得很丢脸、很苦闷，甚至暗地里有打人的想法。同时，男孩的学习和生活都受到了很大的影响。作为成人，我们对类似事件基本都能看得开，但对于小学生来说，就会走进认知的"死胡同"。一方面，家长要有意识地给孩子制造些"难题"，另一方面，当孩子有挫折的时候，家长要与孩子一起面对。

小学阶段的孩子在心智上还不够成熟，对问题的认知停留在简单的不是"成"就是"败"上。选不上就不当，不当也没什么；别的同学选上了，一定有比自己强的地方；不要气馁，好好努力……在对孩子进行开导的时候，家长要着重从这些方面入手，与孩子一起渡过难关。当孩子长大独自面对挫折的时候，想到孩童时家长和自己一起面对困难的场景，内心会产生极大的积极能量。

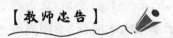

【教师忠告】

> 没有挫折的人生不是美好的人生。有意识地让孩子经历一些挫折，会增强孩子承受挫折的免疫力。只要家长不娇惯孩子，孩子就会变得勇敢、坚强，更好地适应学习生活，为赢得美好的未来打下坚实的心理基础。

加糖的批评好味道

家长与孩子相处过程中，免不了要对孩子进行批评管教。有的家长就直接诉苦道："说轻了，孩子不听；说重了，又怕伤他自尊。"对家长来说，又要管教孩子，又要尊重孩子。在这样的前提下，孩子怎么管？难道要保护孩子的自尊，就必须放弃最基本的管教和批评？怎么做呢？

先甜后苦批评法

中国有句老话："吃得苦中苦，方为人上人。"然而，在家长对孩子的批评上，应该采取的是先甜后苦法。因为在孩子的小学阶段，直接的批评会打击孩子的信心，所以先甜后苦更适合。所谓先甜后苦，顾名思义，就是先让孩子看到希望，再让他认识到自己的不足。当然，这也是一种鼓励的方法。在一定意义上，鼓励和批评真的只是一线之隔。用一种说法，是批评；换一种说法，那就可以是鼓励。鼓励中常带有批评，而批评的目的是为了鼓励。家长朋友拿捏好这个分寸，就可以有效地指导孩子。

上小学二年级的阿美兴高采烈地回到家，看到妈妈就高兴地说："妈妈，我数学考了全班第三名。""真棒，看来你这段时间的努力见了成效，你超过了班里那么多同学，妈妈真为你高兴。"妈妈回应着，又接着说："阿美，你要是再稍微努力一下，是不是超过的同学会更多？"听了妈妈的话，阿美肯定地说："那当然了。"

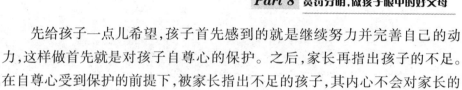

先给孩子一点儿希望，孩子首先感到的就是继续努力并完善自己的动力，这样做首先就是对孩子自尊心的保护。之后，家长再指出孩子的不足。在自尊心受到保护的前提下，被家长指出不足的孩子，其内心不会对家长的话产生反感，产生的会是要继续努力的信心，会感到很大的动力。

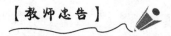 不要事事唠叨

"一件事，我不知说了多少遍，孩子就是不听。我真一点办法都没了。"这是一位妈妈对孩子的抱怨。家长苦口婆心地一遍又一遍地说，孩子那边真不一定听。这是为什么呢？很简单，就是孩子听烦了。试想，如果一个人总在你旁边一遍遍说你的缺点，你的心情是怎样的？这样就不难理解，很多孩子把家长看成"唠叨老妈""唠叨老爸"了。家长朋友们千万不能轻视这小小的唠叨，它会使孩子厌烦，甚至叛逆，使家长和孩子的关系恶化，乃至出现危机。

既然唠叨有这么多反面作用，那家长该怎么办呢？那就是：管住自己的嘴巴。这就是说，对孩子存在的问题，只说一遍。要求孩子做某事，说了一遍后，孩子根本没动，这其中有两个原因：第一，孩子想等一会儿再做；第二，孩子根本不愿意做。对孩子根本不愿意做的事，如果家长通过暗示的方法告诉孩子，你应该去做这件事，那孩子就有足够的时间思考，从而就极有可能按家长的要求去做。对孩子拖拉着没做的事，家长通过暗示就可以见效。减少唠叨，也是对孩子的尊重，只要加以暗示即可。

【教师忠告】

> 巧妙的批评，可以起到很好的激励作用。在批评的时候，先肯定孩子，再指出不足；对问题只说一遍；还有一点是，在批评孩子之前，家长先从自己身上找原因，再对孩子进行批评。这样，在保护孩子自尊心的前提下，使孩子既获得了动力，又对家长充满感激。

Part 9 品格培养，好品格比高智商更重要

家庭教育是培养孩子良好品格的"一杆秤"。如果秤的两边没有达到平衡，就会出现一系列状况。同样道理，孩子学习成绩好，做人不友善；孩子智商很高，但不懂礼节……最终还是会被残酷的社会所淘汰。由此可得，品格的培养是一个人今后前程发展的一把双刃剑。尤其是对于小学阶段的孩子，家长一定要注意对孩子这方面的培养和引导，这对孩子今后的做人做事都会起到至关重要的作用。

自信心·是人生的根本建设

著名汽车销售员奥格斯特·冯·史勒格曾说："在真实的生命里，每桩伟业都由信心开始，并由信心跨出第一步。"由此可见自信的重要作用。凡是有所成就的人，无一例外都充满了自信。在家庭教育中，家长朋友要善于帮助孩子建立自信。

自信与成功成正比

自信是建立在自我评价基础上的一种积极态度。自信与积极有着密切的关系，自信本身是一种积极的表现，但不是全部。没有自信的积极，是低效的、软弱的、不彻底的。只有带着自信的积极，才能真正发挥出正面的效果。

当孩子很努力地学习时，这是一种积极。可是如果孩子没自信地学习，那他的积极就是软弱的，缺乏动力的。比如，孩子虽然刻苦地学习，但他心里总觉得自己笨，一定会做不好，这种外在的积极就存在一定的折扣。有的孩子学习时间很长，但功课也没有做好，可以说是有些得不偿失。

天下很多事情都是这样的，成功和失败只有一寸之隔，也许就差那么点自信。乒乓球世界冠军邓亚萍在接受采访时曾说过，最后取得胜利往往就是靠的自信，就是相信自己能赢。要成为一个成功的人，就从拥有一等的自信心开始吧。

没什么好自卑的

与自信相对的就是自卑，人有很多种自卑，但总体来说也真是没什么好自卑的。我们设想下孩子自卑的各种可能：从外在来说，矮、胖、瘦、高、不好看、觉得男孩（女孩）好；从家庭来看，没有别人家庭条件好、家长文化低、家长对自己的照顾不及其他孩子的家长；从孩子自身来说，不会唱歌、不会跳舞、没有特长、不爱说话、身体差……

小学阶段的孩子有一个趋同心理，就是什么都要跟别人一样——小伙伴有什么自己一定要有，和别人不一样了就会觉得自卑。这其实也是自我的一个认知过程。趋同心理并不是错，不光是孩子，大人也是有的。趋同是一种渴望被认可的心理，"我和大家是一样的"，有这样的感觉会让人觉得安全，有一种群体感。但如果因为与别人不同而自卑，那就没必要了。

积极暗示很重要

每个人都是独一无二的，因为与众不同，才丰富了这个世界。所有自卑的源泉，在一定程度上，都是自信的注脚。无须自卑，只要亮出真实的自己，你就是最闪亮的一颗星。

从挺胸抬头、面带微笑、大声说话开始，从外在上树立出一个自信的形象。自信是与他人打交道的基础。生活在世界上，人并不是孤立存在的，要和他人来往。与人互动，也就是向他人展示自己的过程。所以，首先从外在形象上要做好自信的第一步。

另外，要给孩子积极的暗示。当遇到困难的时候，告诉孩子一定能走过去，同时承认孩子的不够好。对于家长来说，要用正面的语言来描述孩子，并要引导孩子自己这样做，比如"我一定能做好，我一定能赢，我一定能克服困难，我是最棒的，我真的很不错，我能行……"通过这样的行为，孩子就会越来越自信。

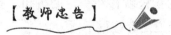

【教师忠告】

> 自信是成功的基石。要成为自信的人，就要自信地去行动。每一个自信的表情、自信的手势，以及自信的交流，都会帮助孩子在心中真正建立起自信。人生的路有很多荆棘和坎坷，要培养孩子时时更新自己的意识，摒弃消极的一面，充满信心地面对每一天。

与人交往的快乐说不尽

人的交往欲望是与生俱来的。进入小学后，孩子更多地喜欢与同龄人交流，渴望了解大人的世界。可以说，这段时间是培养孩子交际能力的最佳时期。

文明礼貌最先行

在孩子进入小学后，家长都会向孩子强调要遵守纪律，多向孩子强调的是要遵守课堂纪律，比如上课时不要随便走动，不要和同学打闹，要认真听讲。除此之外，家长朋友更要引导孩子讲文明懂礼貌，避免孩子在与人交往中碰壁。

小芳说话比较直接，在课间休息的时候看到好朋友婷婷的白球鞋脏了，小芳没有多想，就大声说："婷婷，你的鞋脏了。"因为很大声，班里的小朋友都一齐看婷婷的鞋，婷婷一下就大哭起来。从此，婷婷和小芳好长时间没说话。

在小学阶段，孩子的自尊心有了很大发展，开始注重自己在同龄人中的"面子"。小芳就没有考虑到婷婷的感受，当众说了别人的坏话，这会让别人觉得受不了。所以，家长要向孩子强调类似的交际之道。比如：没有经过别人允许，不要随便翻看别人的东西；对别人的缺点，要悄悄提醒别人改正；得到别人帮助，要说声谢谢；等等。

积极主动不用怕

拥有良好的交际能力，对孩子来说是非常重要的。善于与人交往的孩子，在学校受老师和同学的喜爱，在家是家人的"开心果"……在这样的基础上，孩子走入社会，也能吸引更多的朋友，从而开创出灿烂的人生。

二年级的阿强是个快乐的男孩，老师和同学都很喜欢他。在学校，他既是老师的好帮手，又是同学的好伙伴。新的一年快到了，老师要准备举办元旦联欢活动。为了更好地锻炼孩子的交际能力，老师要求每人都出一个节目。这时候，有很多同学心里直发愁，阿强自告奋勇地帮助小伙伴们出谋划策，并积极主动地准备自己的节目。

妮妮非常不喜欢和人来往，平时也不是特别爱说话。后来，妮妮妈妈鼓励孩子多找阿强玩，开始妮妮有点害怕，后来渐渐和阿强成了好朋友。六一儿童节，两个孩子和一群小伙伴还共同参加了朗诵比赛。

集体活动多参加

增强孩子的交际能力，比较有益的做法就是多参加集体活动。阿强和

妮妮这两个小朋友，都是在集体活动中获得成长的。我们说的交际能力，其实就是走到别人面前，得到别人的认可。小学阶段的孩子，通过参加集体活动，加强与同学的交往，与人交往的能力就慢慢提高了。从一定意义上说，孩子不愿意与人交往是有恐惧心理，不知道这样做会有什么结果。这时，家长要积极鼓励孩子参与到集体活动中。

需要注意的是，在参加集体活动的时候，家长要提醒孩子一些事项。比如：当小朋友遇到困难的时候，要主动帮忙；因为是集体活动，要有集体意识，不要耍个人的小脾气，要和同学、老师积极配合。通过这些，孩子就会懂得自己在集体中的重要性，在约束、提高自己的同时，也可以交到很多的好朋友。

【教师忠告】

生活中有各种各样的人，有陌生的、有熟悉的，有开朗的、有腼腆的……孩子在与人交往的过程中，慢慢体会到人与人之间的不同。这既是认识自己的过程，也是认识他人的过程，同时也是与人交往的快乐之处。

竞争让人生更精彩

千百年来，自然界一直秉承"物竞天择、适者生存"的法则。这对于处在自然界中的人类来说，也同样适用。事实上，在这个地球上，竞争是无处不在、无处不有的。没有谁可以不用竞争而坐享其成，有竞争的世界才精彩。

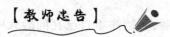 没有竞争难以想象

竞争是人类的自然本能，从孩子有了自我意识之后，竞争就随之到来。最初的竞争动作就是抢，在两个婴儿前面放三块糖，拿到两块的一定很高兴，拿到一块的一定会去抢别人的。上了小学后，孩子们会经常设想一些有

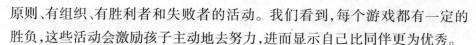

原则、有组织、有胜利者和失败者的活动。我们看到，每个游戏都有一定的胜负，这些活动会激励孩子主动地去努力，进而显示自己比同伴更为优秀。

竞争体现最明显的就是体育运动，体育是一种直接与人正面接触和竞争的活动，比如篮球、羽毛球、乒乓球等。人们都爱看竞技体育，那是因为它直接展示了竞争的过程。由此可见，竞争包含着无穷的魅力。不敢参与竞争的人，可以说他的人生也会缺少很多色彩，因为有了竞争，世界才变得越来越精彩。

你追我赶跑得快

学习是你追我赶的过程，有的孩子在这个过程中掉队，很多时候是因为他们缺少一个追赶的目标。一个好的竞争对手，对激发孩子的积极性有着很大的帮助。竞争对手的出现，无形中就会传达出一种挑战的信息：你行吗？我可能要超过你！你有可能被打败！

因为有了对手，所以竞争产生了。在这个作用下，就唤起了孩子不服输、不愿意被人超过的念头，这很快就变为孩子前进的"动力"。因为有对手，所以跑得更快了；因为害怕被人超越，所以更努力了。竞争对手的激励，将孩子的主动性、积极性都调动起来，使孩子将全部的热情都聚集起来，起到了促进的作用。

美德意识必须有

每个游戏都有规则：怎么玩、什么时候开始、什么时候结束、怎样是犯规、怎样能得分……其实竞争也是一样，它也是一种游戏。在鼓励孩子敢于面对竞争后，也要告诉孩子竞争的规则是什么。任何考试都是一种竞争，不作弊、不许看书，这就是规则。人的一生也可以说随时都在竞争。竞争最重要的规则就是公平、正当，因为这样可以充分地展示双方的实力和优势，这样得出的结果才是让人信服的，也是受人尊敬的。

在竞争道德认识方面，有人认为竞争不需要讲道德；有人认为涉及友谊时就不用竞争了；还有人认为要抑制他人就是致使他人失败。在比赛的时候，通常的口号是：友谊第一，比赛第二。这就是说建立在友谊基础上的比赛，它的本质是比赛，是比赛就要决出高低、胜负，这就是游戏规则。那么友谊体现在哪呢，主要体现在对对手的尊重上，通常比赛结束后，双方队员都要握手拥抱致意。对于孩子来说，也是一样的，不管竞争对手输了还是赢

了，都要本着尊重的原则处事，这是基本的礼节。

> 让孩子积极参与竞争是很有好处的，但不应该过分看重结果。更重要的是在竞争过程中培养孩子良好的品质，比如沉着稳重、遇事冷静、心胸开阔等，这些性格特征要比得"第一"重要得多。

合作精神放光芒

歌曲《众人划桨开大船》中有这样的句子：一根筷子轻轻被折断，十双筷子牢牢抱成团；一个巴掌拍也拍不响，万人鼓掌声呀声震天……由此我们能够看出，众人合作所能产生的效能是多么大。因此，能否与人愉快地合作已经成为孩子的重要品德。

十指抱拳礼千斤

冬天到了，一场鹅毛大雪悄然而至，刚从被窝里爬出来的瑶瑶，听到院子里很热闹。掀开窗帘一看，原来爸爸、妈妈和邻居们正在扫雪，有的拿着铁锹、有的拿着扫把、有的在推着车……来了兴致的瑶瑶，也跑出去加入扫雪的队伍中。瑶瑶的出现，带给扫雪队伍更多的欢笑。后来，大家还和瑶瑶一起堆了一个雪人。看着累了满头汗的瑶瑶，爸爸妈妈开心地笑了。"老祖宗留下一句话，家和万事兴。妻贤福星广，母慈儿孝敬。众人拾柴火焰高，十指抱拳礼千斤……"就像歌中唱的一样，家长在日常生活中的言行会潜移默化地影响孩子，家长本身待人宽厚，对家庭成员、邻居、同事都礼貌、热情、平等，并乐于助人。受父母的影响，孩子就会依照父母的做法与小伙伴交往。因此，家长朋友要为孩子树立一个良好的榜样。

一群大雁往南飞

"秋天到了，天气凉了，一群大雁往南飞，一会儿排成人字形，一会儿排成一字形……"大雁团队通过通力合作，才共同完成了迁徙的使命。社会的发展，也越来越需要更多的合作精神。进入小学阶段的孩子，最先接触的是同龄伙伴。家长要鼓励孩子与小伙伴合作，激发孩子与人合作的愿望。

体育课中的"4×1"接力比赛，就是很好的培养合作的游戏。四个人一组，必须得团结一致才能取得胜利。类似的项目，还有篮球、排球、羽毛球双打、乒乓球双打等。在家庭中，也可以锻炼孩子的合作意识，比如以家庭为单位参加社区的歌唱比赛等。成功的合作会带给孩子无穷的快乐，让孩子有意识地主动与人开展合作。

合作促进成长

与人合作的意识并不是天生就有的，而是在合作的过程中萌发并逐渐强化的，合作技能的高低会直接影响合作的进展与结果。在一起做事的时候，每个人都要努力，不能拖集体后腿，如果做得不好，就会影响整体的成绩。人不是孤立存在的，要成就一番事业，必然需要与各方面的人合作，如果不懂得合作的重要性，那会阻碍事业的发展。

四年级的小娜是学校合唱团的成员，在一年多的合唱训练中，小娜父母也发现了孩子的诸多变化——喜欢与人交往了、性格开朗了、自信心增强了，同时孩子也越来越懂得与人合作的重要性。合唱是一种群体艺术，每个成员都需要具备很强的团队精神与责任感。因为一个人的差错，会影响到全局，所以每个成员都非常遵守纪律，善于与人沟通，集体观念和协作精神都有了很大的提高。同时，歌唱艺术也会使孩子受到美的熏陶，从而拥有良好的习惯和气质。

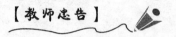

【教师忠告】

> 孩子总要长大，总要离开家长，展翅高飞。只有让孩子逐步适应外界的环境，懂得与小伙伴的交往合作，他们才能健康、快乐地长大。学会与人合作，这是孩子参与竞争的基础。没有合作，如何竞争。懂得合作，孩子才会拥有更美好的未来。

乐于助人将升华人格

爱的存在是人与人的一个重要依托，与他人的友好相处构成了人们和谐生活的外在空间。乐于助人，就是需要人们能理解他人的处境、情感和需要，尽自己所能去关心并帮助别人。培养孩子乐于助人的美德，对孩子高尚情操与健全人格的形成有着难以估量的作用。

关注自己之外的人

人们常说："帮助别人，快乐自己，助人是快乐之本。"部分孩子虽然得到了家长和周围人很多的关爱，但他们本身没有关爱别人的意识。要知道，爱的传达是相互的，并不是单方面的。孩子只知索取，不懂付出，这是非常危险的倾向。任其发展下去，孩子就会形成以"自我为中心"的性格，自私、任性，甚至可能有粗暴的行为。家长不仅要爱孩子，还要培养孩子从小爱别人的品德，让孩子注意到自己之外的人，使孩子心地善良，懂得关心人。

让孩子在邻居之间或者校园做些有益的事情，比如教更小的弟弟妹妹做游戏、照料宠物、给家庭不幸的孩子制作玩具等，这些都可以培养孩子乐于助人的品质。当然，并不是所有的孩子都会主动地去做，家长要鼓励并和孩子一起做，对孩子进行积极的引导。

是谁将温暖传递

在孩子的内心里，需要确认自己是家庭和社会中有价值的一员。家长朋友要尽可能地给孩子接触社会、关心和帮助他人的机会。通过具体的活动，使孩子关心、关爱自己的父母、周围的长辈和成人，以及学校里的同学等。当孩子懂得关爱他人，他也就具备了乐于助人的潜意识。

城市的大街上或者地铁里，常常会看到有乞讨的人。无论什么时候，八岁的小燕都会坚持要家长去帮助他们。受孩子的影响，小燕的爸爸妈妈做了很多事，小的方面如给乞讨者一些食物，大的方面如和救助站联系，引起社会对流浪乞讨者的重视。同时，小燕父母也鼓励小燕帮助和自己同龄的一个"乞丐儿童"，将自己不用的课外书送给这位小朋友。在小燕的长期的帮助下，"乞丐儿童"学到了很多知识，并顺利进入了一所小学，小燕也被学校评为"爱心小天使"。

无私的春风最可贵

乐于助人最重要的一点是无私奉献、不求回报。仅就这一点，就直击人的心灵深处。作为社会大家庭中的一员，不求回报地为别人做点力所能及的事，既温暖了别人，也提升了自己。韦唯在《爱的奉献》中唱道："这是人间的春风，这是生命的源泉。在没有心的沙漠，在没有爱的荒原，死神也望而却步，幸福之花处处开遍……"

孩子在与人交往中总会碰到这样那样的困难，家长不仅要鼓励孩子自己解决问题，还要支持孩子帮助其他小朋友。比如：同学摔倒了，急忙把他扶起来；好朋友的橡皮找不到了，赶快帮着寻找。在孩子的良善感召下，孩子身边会有很多的好朋友，也就是说乐于助人的人会有好人缘。所以，向孩子灌输助人为乐的价值观是十分必要的。

【教师忠告】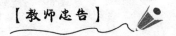

> 乐于助人有助于消除人与人之间的隔膜，为这个社会增添无限温情。帮助别人，快乐自己；乐于助人，无私奉献。这永远都是社会需要的高尚品德，是一个人良善的根基。

打造孩子坚强的意志力

意志力是一个人实现生活、学习、工作，以及人生目标的重要品质，同时，也是一个人克服困难、跨越障碍、解决矛盾的心智力量。意志力不是生来就有的，它受环境影响或者由后天训练而来。

该出手时就出手

小学阶段的孩子，无论在学习上还是生活中，总会遇到一些困难。孩子自己动手解决困难的过程，实际上就是与自己的意志力做斗争的过程。不少孩子因为冬天寒冷不愿意起床，不管家长怎么催促就是不肯离开温暖的被窝，最终导致迟到。因为天气的原因，一部分家长甚至任由孩子迟到或者请假。这些都严重影响对孩子意志力的培养！

一个缺乏意志力的孩子，一定是怕苦怕累的，干什么都缺乏耐心，更没有钻研精神。这样的孩子，面对学习及将来的事业时，相对来说也不会取得成功。对孩子意志力的教育是无处不在的：利用严寒的天气可以培养孩子克服困难的毅力，告诉孩子要严格遵守学校的安排、按时到校、认真完成作业……生活中发生的任何事情都会对孩子性格和品质的形成产生影响，当孩子坚持做完一件事情后，家长要及时给予鼓励和表扬，对孩子的意志力进行强化，使其慢慢形成自觉性。

孩子的分内事谁来做

对孩子意志力的培养，家长首先要适当放手。在面对困难的时候，通常孩子的内心会分为两部分：一部分是意志薄弱，遇到困难就想找别人帮忙，或者干脆放弃；另一部分是意志坚定，孩子想体会挑战自己、战胜困难的乐趣。孩子的行为常常就是这两部分斗争的结果。

学习本来是孩子自己的事，但很多家长不放心，把很多孩子分内的事情都包揽下来，从"今天上什么课带哪些东西"到"要完成哪些作业"，事无巨细，都要管。如果家长放手，使孩子有学习的自主权，在孩子遇到问题的时候，鼓励他凭自己的能力解决，那么孩子的意志力慢慢就提高了。当孩子想要退缩的时候，家长要鼓励孩子继续努力，帮助孩子制定合理的目标，并将目标具体化、数量化，这样有助于孩子一点点克服困难，不断进步。

困难打倒了谁

小刚和妈妈说想要一个随身听，这位聪明的妈妈讲了她的做法："对孩子提出的这个要求，我的做法是由孩子自己攒钱买。我们达成协议，每周我会多给他十元零花钱，然后他自己再节省出十元，这样用不了几个月，孩子的钱就足够买一个随身听了。"小刚妈妈又说："在坚持了三个月后，孩子开心地买到了随身听。"

在孩子成长的过程中，遇到困难是非常正常的，重要的是怎么对待它。在困难中倒下的人，是缺乏勇气和信心的，也没有坚强的意志力。小刚最终买到随身听，就是通过坚强的意志战胜困难的结果。在小刚攒钱的过程中，一定会面临很多诱惑，要和自己的意志进行很多次的斗争。当小刚战胜了自己的时候，他的意志力也得到了很大的提高。

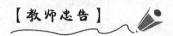

【教师忠告】

"其身正，不令而行；其身不正，虽令不行。"孔子的话就表明，家长自身的意志力对孩子会产生重大的影响。不管家长从事什么职业、文化程度如何，家长刻苦好学、顽强拼搏、自强不息的坚强意志，永远对孩子有着无尽的榜样作用。

勇敢表现要得当

现实中，我们所理解的勇敢就是有勇气，有胆量，不怕危险，不怕困难，做事情无所畏惧、勇担责任、行为果敢，并充满魄力。对于什么是勇敢，孩子并没有明确的概念，多数情况下他们会认为勇敢就是敢做别人不敢做的事，敢说别人不敢说的话，什么都不怕等。

我勇敢但不冒险

大多数孩子都崇拜英雄，他们希望自己能够像英雄一样勇敢。那样的人物高大、受人尊敬，是孩子内心向往的。作为家长，也都希望自己的孩子是那样的形象，非常光彩。但对勇敢这个品德来说，很多家长内心存在着矛盾：培养孩子勇敢，但又担心把孩子推到了险境中，甚至担心孩子面临生命危险；不培养孩子勇敢的话，又担心孩子变得唯唯诺诺，什么都不敢，缺乏基本的开拓精神。

可以肯定地说，孩子勇敢的品德一定要培养，但家长要让孩子知道"勇敢"不是"冒险"。小学阶段孩子的生活经验很有限，多数情况下，他们分不清什么是勇敢，什么是冒险。而家长所担心的也是怕孩子冒险，但都希望孩子勇敢。

面对挑衅不逞强

孩子进入学校，一定程度上等于踏入半个社会。"你敢吗？你行吗？胆小鬼！"孩子会面对很多类似的挑衅。由于孩子最怕别人说自己"胆小鬼"，为了证明自己非常勇敢，往往就头脑发热、不顾一切了，有可能这时就会存在安全隐患。

小勇不会游泳，一次和小伙伴们到河边去玩，看着他们在水里玩得很开心，多少也有点蠢蠢欲动。这时，正好有一个小伙伴招呼他下去玩，并说："没事，水很浅。"看着小勇很犹豫的样子，另一个小伙伴来了句："胆小鬼，下次不带你玩了。""我不是胆小鬼，我不害怕。"小勇紧接着说了一句。事情的结果是，不会游泳的小勇跳到了水里，差点儿出大事，多亏有大人路过把小勇救了上来。

这样的例子似乎很多，家长朋友要多嘱咐孩子遇事不逞强，多思考一下，不要意气用事，以免造成不堪设想的后果。

保护自己是前提

说到勇敢，人们总会不自觉地想到一个词：危险。小学阶段的孩子年龄小，对危险并没有太深的认识。当遇到一些突发状况时，孩子常常不知道该怎么办。如果这个时候还要去帮助别人，孩子很容易受到伤害。

这是一个丰富多彩又多变的世界，任何事情都可能会发生。为了防止孩子由于缺乏生活常识而莽撞地去冒险，家长应该提前和孩子介绍一些应对危险的常识，比如：看到有人落水该怎么办、家里着火了怎么办、有人触电了怎么办……聪明的父母，在教育孩子的时候，首先告诉孩子的就是这些。因为家长不可能时时刻刻与孩子在一起，教给孩子一些自我保护的常识是非常有必要的。懂得了这些生活常识，孩子一方面能很好地保护自己，另一方面也能适时勇敢地救助别人。

【教师忠告】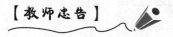

见义勇为值得学习，但必须是在保护自己的前提下。真正的勇敢，不是冒险和蛮干。遇事要冷静，不能头脑发热，要懂得向有经验的人请教，懂得考虑后果，不要逞强。懂得保护自己，又会求助别人的孩子，才是真正的勇敢。

有真本事的指挥受欢迎

交响乐演出的时候，一定有一个指挥。他背对观众，面向乐队，是乐队的灵魂。如果没有好的指挥，再好的乐手聚在一起也好似一盘散沙，交响乐也就失去了应有的魅力。小学阶段的孩子也是一样，几个孩子相处一段时间，一定会有一个指挥出现。

沉着冷静爱张罗

爱张罗的孩子，首先是非常自信的，不管能不能做好，都是很积极主动地在参与，这其中透着很强的自信心。由于爱张罗、积极主动，这样的孩子更容易受到老师的注意，通常会比其他孩子多一些表现的机会。另一方面，爱张罗的孩子通常有着很好的人缘，能够组织其他同学一起做事：阿红做这个，超超做那个，静静负责这些，小蝶负责那些……如果在军队中，这样的孩子就好似指挥官，具有一定的领导才能。

心理学家指出：孩子组织能力强，不仅可以顺利地完成任务，与同学间的相处非常融洽，而且有助于孩子在同学之间树立威信。如果家长朋友认为孩子的这种表现是天生的，那就有失偏颇了。它完全可以在家长的培养下逐渐形成。

随着各种能力的不断提升，孩子通常能够很清楚地判断身边每个人的优点，并能在某项活动中将周围人的优点很好地利用。经过观察，三年级的小娟分析了家庭成员的优点为：妈妈爱说话，爸爸爱看报，爷爷爱听广播，奶奶爱看戏。于是春节时，受"家庭组委会"的委托，由小娟当导演，全家人自娱自乐举办了一个小型的家庭联欢会。

没真本事真不行

随着理性思维能力的不断发展，大多数小学生都有了一定的判断能力，他们并不会随便就拥戴谁。在幼儿园，谁有一件漂亮的衣服、一款让其他小朋友心动的玩具，很可能就被其他小朋友尊为"领袖"；到了小学阶段，这种"领袖"产生的方式就已经完全过时了。在小学阶段，要想在同学中赢得尊重和信服，没有点真本事还真不行。

让其他孩子信服的真本事，也就是孩子能够成为"领袖"的资本，再简单些说就是孩子与众不同的地方。就这点而言，至少要有一个或者几个方面。小学生中，比较出众的孩子可以是：成绩优秀经常受到表扬的，会跳舞、弹钢琴等有特长的，什么都懂让人佩服的，总为他人着想的，和老师、同学沟通特别好的，等等。孩子只要有一个或几个比较突出的方面，就会得到其他同学的拥戴。

一个人沉着冷静，又具有判断力和决断力等品质，可以说，他就具备了成为领导者的先决条件。因此，对孩子能力的判断也不能仅看一面，有的孩子不爱说话，家长可以培养孩子在判断、组织、决断等方面的能力；孩子内向，家长可以培养孩子自信、冷静的品质。只要家长有意识地引导，构成孩子领导力的相关能力和品质就会被激发出来。

【教师忠告】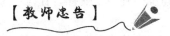

> 好的球员需要好的教练，好的演员需要好的导演，好的食材需要好的厨师，好的汽车需要好的司机……所有这些都一样，有真本事的指挥总是稀缺的。家长们培养孩子这方面的能力，非常有必要。

催人向上的加速器

如果一个孩子智商不高，但只要有很强的上进心并一直保持下去，他就能取得好成绩，将来成为对社会有用的人；相反，如果孩子比较聪明，但没有上进心，那他的成绩也不会太理想，在社会上的成就也会小一些。因此，培养孩子的上进心是十分必要的。

目标是指路灯

形形色色的上班族中，有的员工无精打采，"等下班、等发薪、等退休"可以说是他们的真实工作状态；而另一些人，埋头苦干、劲头十足，总是感觉时间不够用，有时还会加班加点干活。不难想象，前一种员工慢慢会被淘汰掉，而后一种员工才是企业真正需要的人。那么到底是什么原因，形成了两种截然不同的状态呢？答案就是两个字：目标。

因为有目标，人生才有不会枯竭的动力；因为有目标，人生才会看起来更加多彩。家长在教育孩子的时候，如果懂得用目标去激励孩子，孩子做事的主动性就会大大增强。在现实生活中，有了明确的目标，孩子才不会迷茫，不会裹足不前。

涛涛是个顽皮的孩子，周末和父母一块去表姐家玩。两个孩子一起看

一期智力比赛节目，主持人把题目一出，只见电视上的小选手还没回答，表姐就答出来了。看着表姐这么厉害，涛涛不由得问了一句："姐姐，你怎么什么都知道？"表姐笑了笑。这时涛涛爸爸走过来对涛涛说："因为你表姐平时爱看书。"从那以后，涛涛学习的积极性一下高涨了很多，没有再让家长费心了，而且也爱看课外书了。

超越自己的快乐

人人都会不满。我们在这里说的不满，既包括与别人比较时的不满，也包括与自己比较时，对自己取得成绩的不满足。与别人比，是孩子不服输的心理；与自己的比，是孩子知不足的心理。在此重点说"与自己比"这一点。

有句话说：人最大的敌人是自己。进而来说，人最难战胜也最应该战胜的就是自己。大家都有体验：挑别人毛病的时候，总是能挑出很多；若是要挑自己的毛病，通常会比较少。这是自己对自己的一种包庇，潜意识会觉得自己是好的。但孩子需要学会客观地认识自己。

比如，取得一点进步就容易满足，这是很多小学生都会犯的错误。面对这种情况，家长有必要引导孩子认清自己哪里不足，知道该往哪个方向努力、哪里是需要完善的地方、自己该如何进步。在与自己的比较中，使孩子体会到超越自己的快乐，这样他才能更加积极主动地与自己相比，要求自己做得更好。

【教师忠告】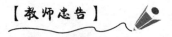

一个人一旦拥有了上进心，就拥有了追求优秀的不竭动力。上进心会使孩子在学习中主动积极，不用家长和老师过多催促；面对困难、挫折，积极上进的孩子不会轻易认输，总是劲头十足。

宽容创造生命的美丽

古往今来，宽容就是中华民族一个优良的传统美德，留下来的

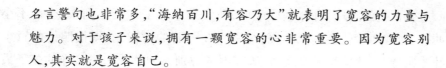

名言警句也非常多，"海纳百川，有容乃大"就表明了宽容的力量与魅力。对于孩子来说，拥有一颗宽容的心非常重要。因为宽容别人，其实就是宽容自己。

小心眼要不得

现在的孩子大多都是独生子女，家长对孩子的照顾可以说是无微不至。娇生惯养、姑息护短，恐怕是很多家长的通病。孩子遇到问题了，家长总是最先冲到前方；孩子想要什么东西了，家长也会毫不犹豫地满足……在无形中孩子就会形成专横跋扈、盛气凌人，以及唯我独尊的坏毛病。

在性格上，这样的孩子会变得自私、自我，眼里没有别人也容不进别人。这样的孩子最普遍的表现就是小心眼。小心眼是宽容的天敌，一个小心眼的孩子很难融入到集体生活中，孩子今后的发展道路也会越来越窄。小杰就是这样的孩子。在学校小杰与同学之间矛盾非常多，回家不是说这个同学不好，就是说那个同学不对。二年级刚一开学，小杰就和同班的一个男生闹起矛盾，甚至还打了起来。明明是小杰不对，还非要找老师去评理。

懂得宽容，就可以掌握与人交往的智慧；懂得宽容，就会有一个良好的人际关系。学会了宽容，就有会有一份很好的人际关系。与周围人友好相处，孩子的校园生活就会快乐很多。宽容是孩子在社会上健康发展的能力，它是人需要孩子用心学习、体会，才能逐渐拥有的品质。

过分自我没人缘

与人相处，如果自己的某些要求合理，可以坚持；如果自己的某些要求是过分的、不合理的，就要重新审视一下自己，站在别人的角度去考虑一下问题。太过关注自我感觉的人，为了维护自己的利益，往往会斤斤计较一些琐事，逐渐变得不够大方、不够大度。因此，总是站在自己的角度思考问题的人，必定不是一个宽容的人。

在教育孩子宽容的时候，家长朋友首先要做孩子的榜样。在遇到矛盾和冲突的时候，能宽宏大量，不怕吃亏。受到感染和教育的孩子，在遇到相同问题时也就懂得宽容他人。懂得宽容的人，在给别人一个宽松环境的同时，也给自己留了一片广阔的空间。懂得宽容，使人生少了风雨，多了温暖和阳光。

过分自我的阿玲，有什么好吃的，非等她吃够了才会让别人吃；谁不小心冲撞了她，阿玲就会不依不饶；与别人在一起的时候，非得按照她的意思来她才愿意，不然就是又哭又闹，从来不考虑别人的感受……这样的孩子最后没人愿意跟她来往，同时也不会有太大的成就，因为谁愿意与蛮横不讲理、只顾自己的人一起做事呢？

只要与人相处，就会存在分歧，就会有矛盾。面对他人一个小小的过失，一句轻声的道歉、一个淡淡的微笑，就会获得包涵和谅解；对待事情，宽以待人、严于律己，这些都是宽容。因为有了宽容，世界才会变得越来越美好。

【教师忠告】

> 宽容待人、大度处事，这不仅是中华民族的传统美德，同时也是做人做事的根本。在家长有意的引导下，孩子应该能够体会到"小心眼"不利于他的学习生活，会带来很大的麻烦和困扰。过分突出自我，会使自己备受冷落，使自己处于孤立无援的境地。

树立正确的道德观

孩子的道德品质教育，应该从小抓起，并且要时时规范孩子的行为举止。不要认为孩子还小，等长大后就明白什么该做、什么不该做了；也不能抱着不过就是个小事，可做可不做这样无所谓的态度。

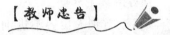 勿以恶小而为之

小学阶段的孩子虽然有了一定的道德观念，但很多时候这种观念没有根深蒂固，对他们的行为不足以构成约束。不断成长的孩子，如果没有家长的引导，他的道德水平不会无缘无故地提升。为了做好这一点，家长需要及

时纠正孩子违反道德的行为。

快开学了，晶晶约上晓梅一块去商场买铅笔。文具店里人很多，晶晶和晓梅一会儿看看铅笔，一会儿又看看橡皮——各种形状的，还有带香味的。晶晶拿着一块草莓橡皮，放在鼻子下闻了闻，对晓梅说："真香，我都想吃草莓了。"晓梅说："你不是有很多橡皮吗，放下吧。"很快，两个人就出来了。走出商场，晶晶从兜里掏出草莓橡皮，给晓梅看。晓梅一下愣了："你怎么弄出来的……没付款哦……"

回到家，晶晶也没有说这个事。后来，在一次晓梅来家里玩的时候，晶晶妈妈才知道这事，并及时让晶晶处理这个事：因为橡皮还没有用过，要么退回去、要么买回来。对孩子的类似行为，家长绝不能熟视无睹，想着长大就好了，必须要表明态度，不可以就是不可以的。

 勿以善小而不为

可能有的家长会认为，孩子到了初中再去管也可以。但家长们要了解到，初中阶段的孩子处于青春期，对家长不再是处处言听计从，很多时候是会处处与家长作对。初中阶段的孩子独立意识更强了，要想让他们心甘情愿地听家长的话要比小学阶段难很多。正是出于这个原因，家长才不能对孩子正确道德观念的树立掉以轻心。再有，从小养成正确观念的孩子也会让家长省很多心。

处于小学阶段的孩子，行为习惯在逐渐养成。据了解，有一些家长认为对孩子进行道德教育宣传的力度很大，电视、报纸、杂志等媒体都在做，另外，学校里老师也天天讲，家长还要做什么？应该说，理论上的道德教育是必需的，但更多的要家长在现实中落实到每件小事上。

生活中的小事很多，比如过马路走人行道、坐公交车给老人让座、不践踏草坪、排队礼让，等等。道德本身是不太容易理解的，小学阶段的孩子对它的认识也非常肤浅，并且道德本身没有可操作性，多数情况需要靠自身的约束性。比如："今天实在来不及了，我沿着草坪走过去吧""今天实在太累了，我就不给老人让座了"……对这些行为的纠正，还需要家长来共同加以引导。

【教师忠告】

> 　　树立正确的道德观，并不是一朝一夕就能实现的，需要对孩子不断进行巩固强化。在生活中，家长一方面要指导孩子的行为，另一方面也要给孩子做好榜样。让孩子在小学阶段具备良好的道德品质，会为孩子青春期的健康成长打下良好的基础。

$\mathcal{P}art\ 10$ 升学考试，小升初的那些事儿

宝剑锋从磨砺出，梅花香自苦寒来。孩子顺利升入初中，这是一件很欢喜的事情，却也是一件包含有很多注意事项的事情。如何为孩子择校，如何写小升初的简历，在招生面试时应该注意什么，家长提前要做哪些工作，又面对着哪些大考验……相信下面的介绍会帮助您顺利地度过这个"坎"。

小升初的规则要知道

小升初是孩子人生中遇到的第一次重要考试。能否进入理想又适合的初中，对孩子来说至关重要。当然，因为每个家长都希望孩子升入好的初中，所以在小升初这件事背后，存在着诸多的竞争和基本规则。

提早"占坑"有必要

在小学生课业负担太重的"减负"口号下，为了维护素质教育的初衷，国家出台了"小升初不进行入学考试，学生就近入学"的政策。但家长仍然希望孩子能够到更好的初中去读书，同时，各所重点初中也在以自己的方式寻找生源。

虽然各个学校不再进行公开的考试，但公开的秘密是：重点学校对学生的选拔多数是在其所开的培训班中完成的。这些培训班在寒假开办，期间会举行多次考试。家长和孩子把参加目标初中的培训班称为"占坑"。也就是说，进入一所学校所开的培训班并不一定能保证被录取，但最起码增加了参加最后录取面试的机会。所以，很多家长和孩子选好了目标初中，就要提早报名该校的培训班去"占坑"了。

电脑派位好似坐以待毙

为了防止"择校风波"的白热化，避免名校在各个区域分布的不合理，小学会根据孩子所在的区域直接将孩子派送到本区的某所初中就读。"电脑派位"是小升初实施"免试就近入学"政策的一个具体措施。

但需要提醒家长的是，如果仅仅是消极等待"电脑派位"，孩子只能被派送到"三流""四流"，甚至不入流的学校。并且名校很少接收"电脑派位生"，或者说，还没轮到"电脑派位生"，它们的招生名额就已经满了。因此，多数家长都不看好或者不太相信"电脑派位"。

"推优生"家长不可高枕无忧

"推优生"是根据孩子"综合素质和证书"相结合的方式来评选的。通常

各个学校的政策不同，但本质上来说，就是两种，即按班级分配具体的名额和按学校的排名。有的家长认为，孩子成绩好，又连续几年是班干部，被推优的可能性很大。但需要说明的是，即使有的孩子成绩很好，但如果体育不达标，那就有可能与"推优"无缘；如果孩子综合素质很强，但没有得过什么证书，那也不见得就能被选为"推优生"。

此外，即使孩子被选为"推优生"了，家长也不能完全高枕无忧。这是由于在"推优生"之间还有着激烈的竞争。并不是所有被选为"推优生"的孩子都能进入重点初中。如果孩子的实力不够进重点初中，那就果断地向最现实的学校努力就可以了。

【教师忠告】

> 无规矩不成方圆，任何一件事，了解了它的规则，做起来就会得心应手。了解了小升初的情况，家长就可以早一点准备。如果到了小学高年级，家长才去了解相关规则，那孩子就有可能落到"不入流"的初中了。

家长必须要作为

到了小学六年级，大多数家长和孩子会陷入慌乱的状态。小升初之际，家长要和孩子一块度过这道"坎"。除了帮助孩子日常的学习和良好习惯的培养外，家长要关注孩子下一个学习历程的各种问题。

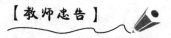 准备工作早几手

从小学中年级开始，老师都会向家长强调关于小升初提前准备的事情。如果家长准备得好，到孩子小学毕业升初中的时候，只要按部就班就可以，使孩子到理想中学就读增添了更多的可能。

家长要把这个准备落实到孩子小学的各个阶段。在低年级的时候，孩

子刚进入小学,正在适应中,不用考虑这个问题。从三年级开始,家长就要逐渐着手做孩子上初中的各项准备工作。对孩子要读的目标中学,家长大概就要有个方向,应该开始打听并了解有关信息;四年级的时候,应该为孩子选择参加一些有关的培训班;到小学高年级的时候,就要很明确地关注目标学校的招生信息、录取政策,并着手为孩子准备相应的报名材料。

多渠道获得信息

小升初的政策每年都会有些变化,家长要时刻关注、了解这些信息。有很多家长将这个事情寄托在学校和老师身上,希望老师能提供及时、准确的信息。然而,老师不可能了解并关注所有中学的招生及录取条件等信息,因为班里孩子的水平不同,所选择的目标学校也不同。当然,老师会给家长一些建议,但家长决不可完全寄托于老师。

在小升初的信息战场上,消极等待的家长一无所获,要积极主动起来:向亲戚或者朋友了解这方面的信息;浏览有关网站,上面一般会有很多初中学校的动向、"行情"信息,虽然有些良莠不齐,但大部分还是能够靠得住的;除此之外,学习"过来人"的经验,吸取教训,也是不错的途径。

时不我待要抓紧

对待孩子的升学问题,家长朋友要放在心上,不可以大意。得到信息后要立刻行动,过于迟缓,可能就会出现"竹篮打水一场空"的局面。面临孩子小升初的家长,势必要比其他时候行动迅速一些。虽然不是打仗,但时不我待,机会来了就要把握住,不要觉得还早就不抓紧,毕竟名校的名额是有限的。

【教师忠告】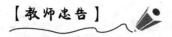

眼观六路、耳听八方,可以说就是小升初对家长的要求。从小学中年级开始,家长们就要开始考虑孩子上初中的事情,了解有关信息。提早准备,扩展信息渠道,并迅速采取行动,这就是孩子进入理想中学的路途中,家长所要做的事情。

悄无声息的大考验

"星星还是那颗星星，月亮还是那个月亮，儿郎还是那个儿郎，娘已不是从前那个娘……"有朋友用这样的话，形容小升初期间家长的心态。应该说，这段时间家长的心态多是焦虑不安的，这种情绪不免还会影响到孩子。

孩子情绪突变多关心

小升初期间的孩子，处在承前启后的一个跨越期。它既是小学阶段的结束期，又是初中生活的着陆期；既有学习的压力，也有情感上的分别；既要面对与家长的择校，又要感受社会的复杂；既心存焦虑，又充满期望……这一时期孩子的内心交集着各种各样的东西，丰富多彩但又杂乱无章。为了让孩子能身心健康地备考，家长们一定要多多关心孩子的变化。

孩子在行为或者情绪上突然出现转变，很可能就是在向家长发出求助信号，希望予以帮助。具体表现有容易激动、忧郁、粗野暴力，或者身体某个部位不舒服等。对于特殊期间的孩子，家长要特别注意，了解孩子的心理状况。

当孩子感到很痛苦的时候，家长要适当地帮孩子减轻压力，特别要注意不要使自己的焦虑情绪影响到孩子，更不能再给孩子过度加压。家长朋友要更多地鼓励孩子，给孩子正面的肯定，并恰当地赞美孩子。要记住，孩子的身心健康才是最重要的。

要有临阵不乱的大将之风

处于孩子小升初阶段的家长，受社会大环境的影响，常常有意或无意中制造着紧张气氛，让人感觉到大敌当前。可怜天下父母心，每个家长都希望提供给孩子最好的教育，让孩子有更大的发展，不要输在起跑线上。然而，由于目前教育资源不平衡的现状，使得小升初的竞争变得十分白热化。在众多压力之下，很多家长的心态难免也会出现些问题。

就要毕业考了，孩子的成绩还上不去，很多东西还不会。再看看别人家的孩子都那么优秀，平时左看右看孩子处处好的家长，也开始对孩子挑起刺来了；再有，如火如荼的择校工作，使得家长坐立不安，时不时发几句牢骚，这其实会对孩子有影响；还有些家长内心有很大波动，不时谴责自己，怎么没让孩子多考一个证书、多上一个培训班；等等。

应该说，这些情绪集合起来，是对家长的一大考验。在小升初的关键时期，谁也不敢保证情绪一直都很稳定，或者充满乐观，但不管怎样，家长要找到合适的途径去排解自己的压力，尽量减少对孩子的影响。不少孩子会忽然失控，因为小事发火、哭泣，其实都是压力太大、心中焦虑的表现。

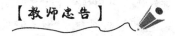

【教师忠告】

> 小升初不光是考验孩子的学习成绩、家长的应变能力，更重要的是对孩子和父母心理承受能力的一个大考验。平时家长是孩子的榜样，在关键时刻更要突显出来。面对压力，家长首先要沉着冷静，只有这样，才能帮助孩子顺利度过人生的这个转折期。

学校选择，分寸把握好

即将踏入中学校门的孩子，一方面带着满心的欢喜，一方面又面对着选择学校的风波。让孩子读哪所初中好呢？当小升初慢慢临近的时候，相信每个家长都会在心里无数遍地问自己。这时的家长，要关注孩子对择校的看法，协助孩子共同做好选择。

征求孩子的意见

在择校问题上，家长要征求孩子的意见，不可以自作主张。随着年龄的增长，孩子不再像低年级时，什么都要家长帮他决定。高年级的孩子对很多事情已经有了自己的看法，因此，家长应该将孩子的意见加入到择校的标准中来。

比如有的孩子想和某个好朋友到一所中学读书，家长了解到这一点后，要尊重孩子的意见，可以和孩子好朋友的父母一起沟通择校的事情。如果事与愿违，要告诉孩子原因，并告诉孩子和好朋友来往的途径还有很多。明

白了这些,孩子就不会在新学校里出现各种问题。小学高年级的孩子很快就进入青春期,如果家长没有注意到他们的个人意见,或者说,家长帮孩子选的学校不合他的心思,很容易就会引起孩子的反抗,甚至是厌学。

择校不能靠"听说"

俗话说,眼见为实,耳听为虚。不管选择哪所学校,光靠"听说"是不行的。在决定之前,家长不妨实地去看看。家长要重点对目标学校的硬件、师资、校纪和管理进行考察。只有这四项都正常,这所学校才能为孩子们撑起一片蔚蓝的天空,才能让家长和孩子放心。通过对目标学校的实地考察,往往就能看出个所以然。

到学校的校园走一走,就可以对学校的硬件水平有个了解;向在校的学生及其家长了解情况,听听别人的评价,就会对这所学校的教学水平有个基本的认识;与学校的老师进行简要的沟通,对学校的管理政策就会有大概了解;通过附近的居民,可以打听到学校的校风、校纪。通过多角度的观察,对目标学校就会有一个比较清晰的了解,有利于做出正确的判断。

适合孩子的才是最好的

很多家长都是跟风给孩子选择学校的,至于为什么要这样选,家长们通常都很茫然。在孩子择校问题上,家长们首选的就是名校,理由就是孩子进了好初中,才能进入好高中,才能上好大学。这样的想法固然是理想的,可要知道"名校"虽好,但不一定适合自己的孩子。

不管是小学阶段还是初中阶段,孩子能够在学习中体验到快乐才是最重要的。有的孩子在小学时很优秀,但到了高手如云、竞争激烈的"名校"后,孩子的挫败感很强,整天郁郁寡欢,"名校"反而成了孩子痛苦的所在地。

【教师忠告】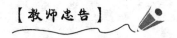

客观来说,每所学校都有好班级,都有好老师,不能盲目地判断一所学校的好坏。再有,很多家长带着孩子盲目地考试,如果孩子现阶段的水平达不到学校的要求,那结果只会使得家长和孩子疲惫不堪,更有可能对孩子的自信心产生沉重打击。

是走读还是住宿

新旧交接时期, 家长需要操心的地方特别多。在择校的过程中, 相信每位家长都会考虑: 给孩子选择离家近的学校, 还是离家远的? 在这个问题的背后就是: 进入初中阶段, 让孩子走读, 还是住校? 在家长做决定的时候, 仍然要记得先听一下孩子的想法。

不要过多过细干涉

和小学阶段一样, 孩子每天放了学还是回家, 这就是走读。初中阶段的孩子处于青春期, 这时候他们的身体、心理, 以及思想都会发生重大的改变, 可以说, 稍不注意就有可能进入误区。对走读的孩子来说, 家长天天都能看到, 当发现孩子有情绪不对或者思想松懈等问题的时候, 能够和孩子及时沟通并有效地引导。

对于走读的孩子来说, 还有一点就是能够继续享受家庭的温暖, 这会有利于孩子的成长。如果初中的学校离家不远, 并且孩子很懂事, 自理性强, 能够主动学习, 交际能力也可以, 让孩子走读不失为一个很好的方式。在与孩子的相处中, 家长可以帮助孩子弥补学校教育中的不足之处, 潜移默化地向孩子传授一些为人处世的经验, 帮助孩子解决在学习中存在的问题。

另外, 多说一点, 虽然孩子住在家里, 家长依然可以给予孩子很多的关照。但要注意的是, 进入初中阶段后, 孩子的独立意识增强, 家长要懂得给孩子多一些空间, 不要过多过细地干涉孩子, 家长要和孩子一同成长, 懂得与孩子沟通的方法。

改正缺点的催化剂

和小学阶段不同, 孩子每天放了学不回家, 在学校生活, 这就是住宿。每个孩子身上都有优缺点, 对于住宿的孩子来说, 生活的重心不再是家庭, 而是学校; 相处最多的不再是家长, 而是同学和老师。离开了家庭, 孩子的社会性就会有很大提高。

住宿对孩子的成长是很好的一次机会。在家里有父母的娇惯, 衣服脏

了妈妈洗,丢三落四时爸爸会帮忙收拾,但在学校的集体宿舍里,如果继续这样没有章法,是要被老师说的……另外,住集体宿舍,会增加与同龄人沟通交流的机会,这对于缺少玩伴的孩子是很有宜处的。

现在很多孩子过分依赖家长,很多家长也过分溺爱孩子,这两方面对孩子独立性格的形成都是不利的。通过住宿,能够很大程度地锻炼孩子独立自主的能力。要提醒家长的是:虽然孩子在学校住宿,但不是说家长就不用管孩子了,家长仍然承担着对孩子进行思想道德教育和心理辅导的重任。因此,对住宿的孩子,家长应该更多一些关心。

【教师忠告】

> 每个孩子都需要成长的机会。有教育专家说,如果孩子是运动员,那么老师就好似教练,家长就如同领队。要让孩子提高成绩,老师和家长缺一不可。不管初中阶段的孩子是走读还是住宿,家长都要让孩子在感受到家庭温暖的同时,尽可能地弥补在学校教育中存在的疏漏之处。

适当期望接地气

由于小学生年龄比较小,处于成长初期,他们对外界的压力还不能很好地应对。家长对孩子过高的期望,会使有些孩子出现怀疑自己能力等问题,出现一定程度的自卑。如果状况严重,孩子的身体状况会受到影响,可能出现消化方面的问题,甚至发热等病症。

不切实际的超高期望值

以考试作为评价手段的竞争方式,目前来说在现实生活中随处可见。从小升初,到之后的各种招生考试、录取考试等,无不都是优胜劣汰。对于这样的情况,家长给孩子提出更高的要求,是很正常的事。

但家长要考虑到孩子所处的阶段,如果不能客观对待,孩子就会出现焦

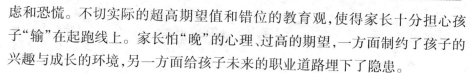

虑和恐慌。不切实际的超高期望值和错位的教育观，使得家长十分担心孩子"输"在起跑线上。家长怕"晚"的心理、过高的期望，一方面制约了孩子的兴趣与成长的环境，另一方面给孩子未来的职业道路埋下了隐患。

人在一生中会经历很多次失败，就处于小学阶段的孩子来说，家长要帮助孩子摆脱失败给他们带来的阴影，还要教会孩子克服在失败中产生的负面情绪。这样，孩子才能在面对新的考试时，不受之前失败经历的影响，从容面对。

接地气的"人上人"

对于家长来说，孩子的事情就是头等大事。孩子学习出现退步，家长就会心急如焚，拿"别人家孩子"来比较，指责自己的孩子。应该说，这样的做法不但不利于孩子的成长，也不能起到相应的督促作用。

有的家长一方面知道孩子学习累，另一方面又继续给孩子加码。比如，孩子做完了相应的作业，有的家长又会给孩子额外多加一部分内容。本来家庭教育的核心是教育孩子怎样做人，但从目前的情况来看，家庭教育好似是学校教育的延伸，父母成了孩子在校外的辅导员。这样的结果，就会使得家长与孩子的关系逐渐异化为分数、成绩的关系。家长也就成为孩子考试焦虑的一个重要因素。

如果家长希望孩子取得更大的进步，在发现孩子不断进步的时候，就要给予充分肯定。把孩子培养成自食其力的劳动者，这应该是家长应有的成才理念。我们总说，吃得苦中苦，方为人上人，这就表现出接地气的重要性。如果一味地对孩子报以超高期望，将成为"人上人"的目标悬在空中，这样孩子最终会陷入焦虑中，可能连自食其力都难。积极健康的教育观念、适度的期待值，会给孩子一个宽松的学习生活氛围，有助于减轻孩子的心理压力，反而会产生较好的效果。

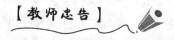

【教师忠告】

家长正面、积极的情绪，会感染给孩子。相对于批评，对孩子的鼓励常常更能激发出他们的积极性与责任感。另外，家长要懂得控制自己的情绪，减少与其他孩子过多的比较。

平和对待考试成绩

有的家长忽略对孩子学习能力的培养，只看重孩子的考试成绩，单纯追求一个数字。这样的结果不过是维系孩子表面的光鲜而已，其所存在的弊端必定会在将来的某一天被放大。于是便有了很多小时成绩优秀的孩子，上了初中或者高中成绩便直线下滑的情况。

学习的重点在过程

成绩是对过去所学知识的一个总结，只是暂时的。它暴露出孩子学习过程中所遗漏的问题，以及没有掌握的知识。成绩好了是对之前掌握知识的肯定，不好了也不用太悲观。因为成绩毕竟只代表过去，只要从成绩中分析出所存在的问题，努力去改进就可以了。这个意义要比单纯考出好成绩带给孩子的进步更大。成绩不能全然代表孩子的所有能力。

成绩只是一时的，不是一成不变的。成绩不是终点，而是起点。成绩好与坏都已经属于过去，不要过于骄傲或者过于责备，继续向前走就对了。人生有无数次考试，每一次考试都会有成绩的好与坏，当孩子能够用平常心看待的时候，就会将更多的注意力放在学习上，而不是成绩上。成绩只是一个结果，重要的在过程。这也就如同运动员最光鲜的一刻是站在领奖台上的时候，然而最重要的是一步步前行的过程。

成长永远比成绩重要

有很多家长将孩子的成绩当成互相攀比的一项指标，特别是在亲戚之间、同事之间等。但应该说，这些真的没有意义，孩子的成长才是第一位。

人们总希望"万事如意"，这是因为多数情况下事情总是不如意的，正所谓"人生不如意事十之八九"。孩子也是一样，如果一直都是非常顺利的，那他承受挫折的能力可能就会很低。这并不利于孩子的成长。有的孩子在小学、初中都是尖子生，并顺利进入重点高中，但当在重点高中不能继续、在大学不能继续这种"优秀"时，孩子就会出现挫败感。

关注孩子身心健康的成长，更有利于孩子面对复杂的社会环境。成长永远比成绩重要，家长应该看得更远一些，从这个角度去培养孩子会更好。

【教师忠告】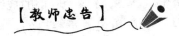

> 家长要带着平和的心态，坦然看待孩子的成绩。孩子考得好，夸奖孩子的同时更要提醒孩子不要骄傲；孩子没有取得很好的成绩，家长也不要过多责备，而应该与孩子分析一下原因，给孩子精神上的鼓励和支持，和孩子共同度过心理灰暗期。

小升初简历知多少

孩子小升初的简历该怎么做、从哪个角度入手、需要注意哪些问题，这可能是很多家长都在思考的问题。一方面担心简历内容多了，怕老师没有耐心看；另一方面担心内容少了，孩子的优点没有完全表现出来。

简明扼要，朴实大方

完成小学六年的基础教育，孩子都取得了哪些成绩、能力上有哪些收获，这是孩子简历的重要内容。说简历，总让人想到大学生求职简历。因此，一提到小升初也要写简历，家长首先就想到的是竞争。也许基于这个原因，很多孩子的简历非常厚，并且很精美，像画册一样。

必须要说明的是，孩子简历的内容不宜太多。太多内容的简历，首先老师不可能一字不落地全部看完，另外简历太厚本身就会造成一定浪费，也会给人华而不实的感觉。除此之外，简历的另一个最基本的要素就是朴实，不要有过多的装饰，不要加入太多的元素。过于奢华的、像画册一样的简历，与简历的"简"字相违背。

着重突出主要能力

孩子小升初的简历，首先要亮出相应的基本信息，比如姓名、年龄、家庭

住址、父母职业，以及联系方式等。在孩子亮相后，就要将孩子取得的成绩、所获得的各种证书突显出来。这部分内容是孩子简历要着重突出的，也是孩子比拼最重要的环节。

要求小学生递交简历的目的，就是要了解孩子在小学阶段取得了哪些"成就"。所以在帮助孩子制作小升初简历的时候，家长要主动将这些情况突出出来。当招生老师拿到这样的简历，一下就了解了孩子的主要情况，一方面节省了老师们的时间，另一方面能够赢得老师们的欣赏。

孩子突出的能力，大体来说要有个叙述先后顺序：先介绍孩子的优点、特长、能力、爱好、品质，以及获奖情况；各种奖项的安排按大小顺序说明，依次为全国、本市、区级、本校；学科依次为数学、语文和英语；其他不是很重要的证书要靠后放。在简历后面要附上各科成绩复印件和评语复印件等主要成绩内容，这样方便老师们查阅。

软实力说明不能少

孩子全面的学习成绩非常重要，但所具有的各种软实力也不能少，所以，在简历中要一一说明，这会增加招生老师对孩子社会性的了解。每个人都不是单一地生活在这个世界上的，经过小学六年的培养，孩子各方面的综合素质是怎样的，要有所体现。

即使一个孩子的学习成绩再好，但如果缺少学习热情、经常三分钟热度，或者道德品质低劣，那多数也不会被"名校"接纳。所以，在制作简历的时候，不能忽略对孩子的学习热情、学习习惯、道德品质等方面的介绍。教育是以人为本的，小学阶段的孩子还处在成长的基础期，要给孩子更多正面积极的评价。

【教师忠告】

> 孩子小升初的简历要实事求是，言简意赅，切忌过厚。如果孩子获奖很多，不知如何取舍的话，可以考虑列一个目录；在简历中既要反映孩子的学习成果，也要展示孩子的道德素养。同时，家长的联系方式要写清楚，保持通信畅通。

冷静面对小·升初面试

小升初面试是升入初中笔试后的一个重要测试。与笔试相比,面试更灵活多变,题目基本都来源于生活,不会太难。但也有一部分孩子容易在这个环节出现纰漏,到底该注意些什么呢?

面试前要休息好

面试前,最重要的是要保持平和稳定的心态。在一定程度上,面试是对孩子人际交往能力的考核。在小学阶段经常得到锻炼的孩子,一般不会有太多问题;而有的孩子还是很怕人,更害怕要面对几个面试老师。第二天就要面试的孩子,要做到不熬夜,正常休息,保证面试时精力充沛——有的孩子面试前一晚还打游戏到很晚,以一个不断打哈欠的形象出现在面试老师面前,无疑这对面试的结果会有很大影响。

为了保证面试中不出现身体不适等情况,要注意孩子的饮食卫生,也不要多吃冷饮,以免肠胃不舒服影响面试;再有,面试前一天要释放紧张的情绪,可以让孩子和亲朋好友多交流一些,听听音乐,缓解内心的紧张。有的孩子一想到将要到来的面试,就感到浑身不舒服,好似快要病倒,这是孩子精神压力太大的缘故,家长可以通过模拟面试的方式来帮助孩子稳定情绪。

对自己充满自信

有的孩子性格内向,自尊心很强,总认为自己不如其他同学。事实上,不是自己不行,而是缺乏自信。如果自己都没自信,表现到面试老师那里的也就是没自信。在面试的时候,紧张是非常正常的,即便是很有把握,开始也难免有些紧张。对于这样重要的面试,一点不紧张也是不正常的。

在大家都紧张的情况下,那么要比的就是谁更自信。自信不是与不安的情绪对抗,而是在体验并接受不安的前提下,寻找自己的优点并将这种信心展露出来。试着用局外人的眼光来看待面试这件事,慢慢就会平静下来。

学会坦然面对和接受自己的紧张

有的孩子到了面试现场后,变得越来越紧张,这时可以通过一些小动作

来转移注意力,从而缓解紧张的情绪。转移注意力不是对面试不管不顾了,相反是为了更好地进行面试,参加面试的考生可以通过深呼吸、扮怪脸,以及临场活动等方法来缓解。深呼吸有助于放缓快速的心跳,避免各种颤抖;再有两个人就要轮到自己了,这时可以通过跺步或者踢踢腿等轻微的活动,来消除由于紧张而产生的大量热能,但不要剧烈运动。

从进入考场开始,孩子就要注意自己的一言一行,随时准备向考官展示自己的所长。所有这些都会被考官列为打分的依据。进入到面试的状态中,可以消除紧张的情绪,不仅能引起面试老师对孩子的注意,同时还有助于实现心理平衡。坐着听别的同学讲的时候,不要和别人比,觉得越来越不如别人,这会带来很大的负面效果。

【教师忠告】

> 小升初面试就是孩子与面试老师面对面交流的过程。通过这种交流,面试老师可以在很短的时间就能了解到孩子的优点。克服面试中的紧张情绪,就要增强自信心,相信自己最棒,相信自己一定能成功。

小升初后适度放松

小升初期末考试前一些日子,很多孩子都计划着怎样好好放松一下,家长也会答应孩子好好休息的要求。经历了长时间、高密度的紧张学习后,孩子的神经一下就舒展到最自在的状态——不用早起,不用做题,不用熬夜……

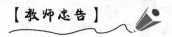 带孩子出去玩一趟

小升初的笔试、面试都通过了,要就读的学校也定下来了。这时不要说孩子,家长也大舒一口气,终于可以休息一下了。前期紧绷的神经终于可以稍微松弛一下,没有辅导班,没有学习班,没有任何作业的负担。

在小学和初中相连的这个暑假,建议家长带孩子一起出去玩一趟,让孩子放松,也是让自己放松一下。如果限于时间,可以利用周末到郊外或者近点的地方去转转。暑假正是七八月份,南北方差异不大,各种休闲活动丰富多彩,无论是海边还是森林,都是不错的选择,需要提醒的是,出外游玩要注意安全,保管好自己的财物。

为初一保持状态

对孩子来说,小升初的考试确实辛苦。但如果想通过中考考入理想的高中,对即将到来的初中,有一个比较适宜的规划是很有必要的。初一这一年,对孩子来说也是非常重要的。

初中阶段的学习共三年,初一要熟悉初中的环境及生活,经过初二的一年,初三就要面临中考了。对孩子来说,和小升初一样,中考对孩子的未来也有着非常重要的意义。利用小升初后简短的暑假时光,对自己的学习方法、学习习惯等做一个小小的总结,需要改正的要纠正好,需要发扬的要继续努力,这对于孩子更好地进入学习状态非常有帮助。

升入初中后,孩子的心理特点、人际关系、学习环境等都发生了巨大的变化,孩子必然需要一个适应的过程。在小升初这个假期,可以提前做个预习,最重要的是心理上不能太放松。

合理安排时间

小升初之后的暑假,大概有两个多月的时间,要有松有弛,劳逸结合。如果一味地出去玩,那么会给初一开始的学习带来一定的干扰;如果还是像小升初前夕一样,紧张地学习,也是非常不人性的。总体来说,要合理安排好这一难得的假期生活。

将暑假学习和放松有效地结合,比较稳妥的安排可以是:先放松一下,出去散心游玩之类的,之后要收收心,预习初一的课程。之所以先安排放松,是因为刚刚经历了小升初的考试,孩子自身是很疲劳的,经过一段放空之后,才能以崭新的面貌迎接新的学习生活。

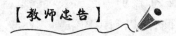

【教师忠告】

　　为了应对小升初考试，很多孩子没有足够的时间阅读课外读物。所以，利用这个暑假可以抽出些空余时间，多读读书，有利于开阔视野；同时，利用暑假好好地锻炼些身体也是很有必要的，打篮球、游泳、跑步等都是很好的运动项目，以强健的体魄开始初中阶段的生活吧。